英語の
Web会議
直前
3時間
の技術

柴山かつの 著

はじめに

2020年初頭のCOVID-19の出現以来、リモートワークが一気に普及しました。会議も、対面ではなくWeb会議が主流になりつつあります。安全性とコスト削減という点から、ますます普及していくでしょう。

リモートワークについてのアンケートで、課題に感じていることの1位によく上がってくるのが、Webでの商談や社内会議の意思疎通です。特にそれを英語で行うとなると、ネイティブ並みのスピーキング力が必要なのでは？と思われる方もいるかもしれません。でも、そんな心配はいりません。大切なのは、相手にわかりやすい発音の英語で話すこと、そして相手の発言をきちんと聞き取ることです。

本書では、実際の会議を聞く前に、「Web会議のための基本発音練習　発リス（＝発音＋リスニング）公式20」というユニットを設けています。正しく、わかりやすい発音とリスニングのコツを、20の公式を通して学びましょう。また、本書のダイアログはビジネスのグローバル化の現状を反映し、アメリカ人、イギリス人、インド人、台湾人のナレーターで録音しています。多種多様な英語に慣れ親しんでください。

また、「Web会議のためのフレーズ集」では、サッと調べてサッと使えるように、「声が聞こえない」「ビデオに写っていない」といったWeb会議ならではのトラブルを乗り切るためのフレーズを場面別にリストにしています。また本編では、それらのフレーズを会議の場面の中で、音声と共に学びます。

本編では実際の会議のやりとりを通して学びます。トピックは多岐にわたります。自分も参加者の一員になったつもりで、リアルなやりとりを通して、Web会議に頻出するフレーズや意見の展開方法について学んでください。また応用講座には各分野の便利なフレーズを掲載していますので、ご活用ください。

今までは、対面での会議やプレゼン、展示会などを通して自社製品を顧客の目の前で直接PRできていたことと思います。しかし最近では、新製品のプレゼンはWebで配信し、製品は顧客に郵送して、Zoomなどで説明し、販売交渉することが増えています。プレゼンでも、セールスの交渉でも、対面式よりもWebでの方が、**直接会っていない分、正しい手順を踏むことが大切になり、そのため人を動かす技法を身につけることが、より重要になるのです。**

なお、この本は、3時間の学習で対応できるつくりになっていますが、一人ひとりの学習能力に応じて1週間で学習していただくことも1カ月で学習していただくことも可能です。本書を活用すれば、英語でのWeb会議、さらにはプレゼンや面接などでも堂々とふるまえるようになるはずです。新しいビジネススタイルに素早く順応し、いかなるビジネスの場面でも成功を収められることをお約束いたします。

2020年10月

柴山かつの

目　次

本番まで **3** 時間!!

本番まであと2時間半!!

本番まであと2時間!!

本番まであと**1**時間半*!!*

本番まであと**1**時間*!!*

本番まであと30分!!

※Web会議ツールには複数ありますが、本書ではZoomについて取り上げます。また、本書の会議の内容はすべてフィクションです。

この本の使い方

各ユニットの学習は、①〜⑧の順番で進めます（①以外はUnit 4以降に該当）。

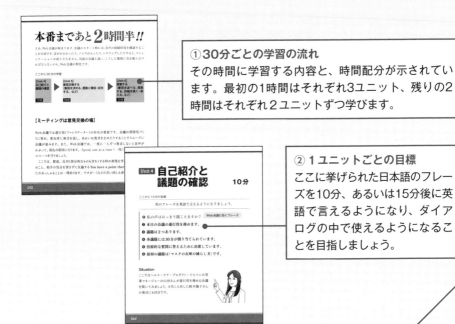

本番まであと2時間半!!

さあ、Web会議が始まります。会議のスタート時には、音声の接続状況を確認することが大事です。音がかすかかったり、ノイズが入ったり、ハウリングしたりするときは、コミュニケーションが成り立ちません。対面の会議とは違い、こうした環境に気を配らなければならないのも、Web会議の特色です。

ここから30分間の学習

[Unit 4]
自己紹介と
議題の確認
10分
→
[Unit 5]
意見交換
（意見を求める、議案に賛成・反対
する、など）
10分
→
[Unit 6]
発言する
（意見を述べる、提案する・される、議論を進める・終わらせる、など）
10分

[ミーティングは意見交換の場]

Web会議では進行役（ファシリテーター）の存在が重要です。会議の雰囲気づくりに努め、参加者に発言を促し、あるいは発言をまとめたりすることでスムーズに会議が進みます。また、Web会議では、一度に一人ずつ発言しないと音声がかぶって、議論の邪魔になります。Speak one at a time（一度に一人ずつ）のルールを守りましょう。

ここでは、賛成、反対（部分的なものも含む）する時の表現を学びます。そのこと、相手の気分を害さず反論する You have a point there などのおっしゃることは一理あります、ですが—（などの切り返し表現も役立ちます。

042

① 30分ごとの学習の流れ
その時間に学習する内容と、時間配分が示されています。最初の1時間はそれぞれ3ユニット、残りの2時間はそれぞれ2ユニットずつ学びます。

Unit 4 自己紹介と議題の確認 10分

ここから10分の学習
次のフレーズを英語で言えるようになりましょう。

Web会議に効くフレーズ

❶ 私の声ははっきり聞こえますか？
❷ 本日の進行役を務めます。
❸ 議題は2つあります。
❹ 各議題には30分が割り当てられています。
❺ 技術的な質問に答えるために出席しています。
❻ 最初の議題は「マスクの在庫の減らし方」です。

Situation
ここではヘルス・ケア・プロダクト・ジャパンの営業マネージャーの山田さんが進行役を務める会議を開いてみましょう。4月に入社した鈴木陽子さんの発言にも注目です。

044

② 1ユニットごとの目標
ここに挙げられた日本語のフレーズを10分、あるいは15分後に英語で言えるようになり、ダイアログの中で使えるようになることを目指しましょう。

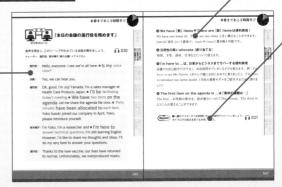

本番まであと2時間半!!

「本日の会議の進行役を務めます」

ビジネスシーン

音声を再生し、このシーンで行われている会議を聞きましょう。　🎧 030
ナレーター　進行役：鈴木陽子（新入社員）＝アメリカ人

進行役：Hello, everyone. I see we're all here. ❶ **Is my voice clear?**

鈴木：Yes, we can hear you.

進行役：OK, good. I'm Joji Yamada. I'm a sales manager at Health Care Products Japan. ❷ **I'll be** facilitating today's meeting. ❸ **We have two items on the agenda.** Let me share the agenda file now. ❹ **Thirty minutes have been allocated to each item.** Yoko Suzuki joined our company in April. Yoko, please introduce yourself.

鈴木陽子：I'm Yoko. I'm a researcher and ❺ **I'm here to** answer technical questions. I'm still learning English. However, I'd like to share my thoughts and ideas. I'll do my very best to answer your questions.

進行役：Thanks to the new vaccine, our lives have returned to normal. Unfortunately, we overproduced masks.

045

③ 臨場感たっぷり！ ビジネスシーンのダイアログ
前ページの日本語フレーズに対応する英語（マスターすべき表現）が、色文字で示されています。ここに特に注意しながら、音声を聞きましょう。

本番まであと2時間半!!

❷ **We have [数] items や There are [数] items は便利表現！**
We have two items は、There are two items と言い換えることもできます。item は「項目」という意味で、topic や issue に置き換えも可能です。

❹ **汎用性の高い allocate（割り当てる）**
time（時間）、子算、部屋、仕事などについて使えます。

❺ **I'm here to ... は、日常からビジネスまでカバーする便利表現**
会議での自己紹介だけでなく、会社訪問やプレゼンなどでも便利です。例：I'm here to show you Ms. Garcia.（ガルシア氏にご紹介いたします。）I'm here to introduce our latest model.（当社の最新モデルをご紹介するためにまいりました。）

❻ **The first item on the agenda is ...は「最初の議題は...」**
The first ...の序列の部分を、It によって置いかえて The second、The third のように続けることもできます。

🔁 Repeat　❶〜❻のマスターすべき表現。音声を聞いてリピートしましょう。ダイアログの変さを感じる。　🎧 031

047

008

⑥ 表現力アップのための「表現を使い回そう！」
マスターすべき表現の一部を使い、表現力をアップするコーナー。英語で言ってみましょう。

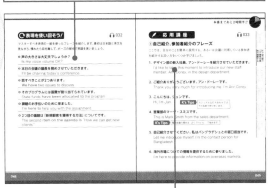

④ 知識を仕入れる
マスターすべき表現について、使う際の注意点や、応用例を解説しています。

⑤ Repeatで声を出す！
マスターすべき表現が読まれます。ポーズの部分で繰り返しましょう。

⑦ フレーズを倍増させる「応用講座」
ユニットのテーマに沿ったフレーズが満載、知識も盛り込んでいます。Unit 1のクイックリストやダイアログで学んだ「Web会議に効くフレーズ」も確認できます。

⑧ なりきり「リハーサル」
ユニット最初のダイアログの音声を使って、ポーズの部分でマスターすべき表現を口に出しましょう。実際のWeb会議で使えそうですか？

ダウンロード付録のご案内

本書では、音声マーク🎧001 の付いた箇所の英文や会話文の音声が聞けます。以下の方法で、無料でダウンロードできます。日々の学習にお役立てください。

パソコンをご利用の場合

「アルク・ダウンロードセンター」https://www.alc.co.jp/dl/から音声がダウンロードできます。書籍名(『英語のWeb会議　直前3時間の技術』)、または商品コード(7020067)で本書の音声を検索してください。

スマートフォンをご利用の場合

アプリ「語学のオトモALCO」https://www.alc.co.jp/alco/をご利用ください。音声の秒数指定での巻き戻し、早送り、話速変換、AB間リピートなど、英語学習に最適な機能を装備しています。

※「語学のオトモALCO」のインストール方法は表紙カバー袖でご案内しています。書籍名(『英語のWeb会議　直前3時間の技術』)または商品コード(7020067)で検索してください。ALCOインストール済みの方は、右のQRコードを利用すると便利です。

　本サービスの内容は、予告なく変更する場合がございます。あらかじめご了承ください。

本番まであと3時間!!

突然、英語でのWeb会議に参加することになったあなた。準備時間は3時間しかありません。でも大丈夫。この3時間のレッスンを受ければ、相手の言うことをしっかり理解でき発言も質問もできるようになります！ さあ、頑張りましょう。Good luck!

ここから30分の学習

【Unit 1】
Web 会議のための
フレーズ集
10分

【Unit 2】
Web 会議のための
基本発音練習
10分

【Unit 3】
Web 会議の
スケジュール調整
10分

オリエンテーション

皆さん、こんにちは！ コーチの柴山です。突然、「英語のWeb会議に参加してください」と言われたらどうしますか? Web会議では、接続の問題で音声が途切れたり、相手に音声が聞こえていなかったりといった、トラブルがつきものです。また、参加者が複数の国にまたがる場合には時差が異なるため、対面と違っていろいろな気遣いが必要です。

「あと3時間!!」のこのパートでは、最初の10分でWeb会議のためのフレーズの勉強をします。これだけまずは押さえておくと、とっさの場合にあわてずにすみます。時間がない方は、ここを見ながら会議に臨んでも良いでしょう。

次の10分ではWeb会議のための基本発音練習で、さまざまな音声に対応できるように なります。Exerciseでは、口と耳を存分に使ってください。

そして最後の10分ではWeb会議のスケジュール調整の方法を学びましょう。 Web会議では、スケジュールのすり合わせからすでに会議が始まっている、といっ ても過言ではありません。ここでは、皆さんがテンプレートとして使えるようなEメー ルの例と役立つフレーズをご紹介しています。

本書では、以下の順番で各Unitを学習していきます。それぞれ、以下のアイコ ンで示されています。

本書で聞くダイアログには、**社内会議と社外会議、面接、プレゼンの4種類**が あります。Unit内でマスターすべき表現には番号が付いています。会議におい ては、相手の言うことを理解し、流れをつかむことも大切なので、ダイアログの 中での使い方も同時に学びましょう。また、余裕のある人はシーンの中でできる だけ多くの表現を覚えましょう。

(Repeat) マスターすべき表現を英文のあとのポーズでリピートします。Unit冒頭 の日本語訳やダイアログの英文を見ながらでもかまいません。

○表現を使い回そう!

マスターすべき表現の一部を使った言い換えパターンをご紹介。表現できる内

容が一気に増えます。ポーズで繰り返し言ってみましょう。1回目は日本語と英文を見ながら、2回目はなるべく文字を見ないようにトライしてみます。

応用講座

Unitの内容に沿ったフレーズや、そのトピックに関連して知っておきたいさまざまな知識を紹介します。また、ダイアログの中で取り上げた「Web会議に効くフレーズ」と、その応用例も学びましょう。ここでもフレーズの音声が収録されているので、ポーズのところで言ってみましょう。

K's Tips

柴山かつの先生からの一言アドバイスです。

これはNG!

学習者が間違えがちな例を取り挙げています。

Web会議に効くフレーズ

このユニットの一番最後の「Web会議に効くフレーズ」と、Unit 1の「Web会議のためのフレーズ集」で取り上げています。

▶ リハーサル

最後にもう一度、ダイアログの音声を聞き、合図のあとにマスターすべき表現を言ってみましょう。ダイアログの英文からなるべく目を逸らして、学んだことを思い出しながら口に出します。あなたも会議の中で使えそうですか?

※なおWeb会議ツールには複数あり、勤務先や所属団体によって推奨・使用されるものが異なりますが、本書では一般的に普及しているZoomを使った会議を取り上げます。ご了解ください。

あと3H
会議前

あと2.5H
自己紹介
意見交換
する

あと2H
価格交渉
契約交渉

あと1.5H
闘わせる
保留する

あと1H
軌道修正
終了する

あと0.5H
プレゼン
面接

Web 会議のための フレーズ集 クイックリスト 10分

ここから10分の目標

次のフレーズをこれから学びます。
前もって全体に目を通しておきましょう。

● Web会議開催・参加へのお礼のフレーズ　　　　🎧 001

01.	このZoom会議を設定してくださりありがとうございます。
02.	Zoom会議を設定してくださって、ありがとうございます。
03.	皆さんのスケジュールをチェックし、Zoomで会議を設定します。
04.	このオンライン会議にご参加くださりありがとうございます。
05.	わが社のバーチャル会議にご参加くださり、ありがとうございます。
06.	こんにちは皆さん。本日はわが社のワークショップにご参加ありがとうございます。

● 声の大きさに関するフレーズ　　　　🎧 002

07.	私の声ははっきり聞こえますか？
08.	私の声が聞こえてますか？
09.	声の大きさは大丈夫でしょうか？

本書ではWeb会議に役立つフレーズを学びます。会議まで時間がない方は、この**クイックリスト**だけを先に見ても、切り取って、会議中に手元に置いておくのもよいでしょう。また、全体を学習し終わった後に、ここに戻ってきて確認しましょう。各フレーズの詳しい解説や発音のコツなどは、右端の参照ページもご覧ください（複数回掲載されるものは、初出のページのみ記載しています）。

Thank you for setting up this Zoom meeting.	p. 72
I appreciate you arranging a meeting over Zoom.	p. 78
I'll check everybody's schedule and set up a Zoom meeting.	p. 75
Thank you very much for joining this online meeting.	p. 81
Thank you for attending our virtual conference.	p. 88
Hello, everyone. Thank you for joining our workshop today.	p. 88

Is my voice clear?	p. 45
Can you hear me?	p. 51
Is my voice volume OK?	p. 48

10. すみません、あなたの声が聞こえません。

11. 大きな声で話していただけますか？

12. マイクに近づいて話しますね。

13. 雑音が多くてはっきり聞こえません。

●音声トラブルに関するフレーズ　　　　　　　　　🎧003

14. 声が途切れています。

15. あなたの声が途切れていて聞こえにくいです。

16. 声が途切れます。

17. ところどころしか聞こえません。

18. 声が聞こえたり聞こえなかったりします。

19. 最後の方が聞き取れませんでした。

20. グリーンさん、マイクが入っていないようです。

21. 本当にすみません、マイクが切れていました。

22. たぶん、ミュートになっていますよ。

23. オフィスが少々うるさいのでミュートにしていました。

24. 皆さん、発言中以外はミュートにしてくれますか？

25. マイクのボリュームを上げていただけませんか？

Sorry, we can't hear you.	p. 51
Could you speak up?	p. 51
I'll speak close to the mic.	p. 79
I can't hear you clearly because there is a lot of noise.	p. 79

Your voice is breaking up.	p. 53
I'm having trouble hearing you because your voice is breaking up.	p. 56
Your voice is choppy.	p. 61
I can only hear your voice intermittently.	p. 61
You're fading in and out.	p. 61
I couldn't catch the last part.	p. 53
Mr. Green, I think your mic is turned off.	p. 96
I'm really sorry, my mic was turned off.	p. 97
Maybe your mute is on.	p. 97
I was on mute because our office is a bit noisy.	p. 91
Can everyone mute your lines when you're not speaking?	p. 104
Could you please turn up the volume on the mic?	p. 99

あと3H
会議前

あと2.5H
自己紹介
意見交換
提案する

あと2H
価格交渉
契約交渉

あと1.5H
問わせる
保留する

あと1H
軌道修正
終了する

あと0.5H
面接
プレゼン

●カメラや映像のトラブルに関するフレーズ　🎧004

26.	カメラを起動しましたか？
27.	あなたお顔が見えません。スクリーンには何も映っていません。
28.	すみません。（ビデオを）オンにします。
29.	映像がついたり消えたりしています。
30.	映像がぼやけています。
31.	接続が悪いようです。カメラ（ビデオ）をオフにして音声だけで参加させてください。
32.	うるさいですね。この騒音はどこから来ているのでしょうか？
33.	すみません。うちの近くで工事をやってまして。窓を閉めます。ちょっとお待ちください。
34.	ビデオと音にタイムラグがあります。試しにZoomを切り、再ログインしてみていただけませんか？
35.	中央に寄っていただけませんか？
36.	右へ動いていただけませんか？
37.	カメラを調整してくださいませんか？

●画面共有やチャットに関するフレーズ　🎧005

38.	資料を共有させてください。
39.	画面共有してグラフを見せていただけますか？
40.	私と画面共有してもらえますか？

Have you enabled your camera?	p. 63
I can't see you. The screen is blank.	p. 69
I'm sorry. I'll turn it on.	p. 69
The image is coming in and out.	p. 69
The image is fuzzy.	p. 69
I have a bad connection. Let me turn off my camera (video). I'll be on audio only.	p. 69
It's noisy. Where is that noise coming from?	p. 115
I'm sorry. There's construction going on near my house. I'll close the window. Hold on a second.	p. 115
There's a time lag between the video and audio. Could you turn Zoom off and try logging on again?	p. 142
Would you please move to the center?	p. 135
Would you please move to the right?	p. 138
Could you adjust the camera?	p. 135

Let me share a document with you.	p. 127
Could you share your screen and show us the graph?	p. 130
Can you share the screen with me?	p. 133

41. 私のファイルを見せたいので、画面共有を切っていただけますか？

42. それをチャットボックスに書き込んでもらえますか？

43. チャットウィンドウに書き込みます。

44. この件は、テキストチャットでスクリーン上で話し合いましょう。

45. チャットボックスでそのページのURL（リンク先）を送ります。

●会議を終了する、再入室／退室するときのフレーズ　🎧006

46. 少しお待ちいただけますか？　すぐに戻ります。

47. いったんZoom会議から抜けて、5分間休憩したらまた戻りましょう。

48. もう一度、接続してみていただけますか？

49. お話の腰を折って申し訳ありませんが、別の会議があります。退室してもよろしいですか？

50. 5分後に始まる他の会議に参加しなければなりません。チームメンバーが待っています。

51. 会議を終了しましょう。ご参加ありがとうございました。

I'd like to show my file on the screen, so would you mind turning off screen-sharing?	p. 133
Can you type that in the chat box for me?	p. 79
I'll type in the chat window.	p. 79
Let's discuss this by text chatting on the screen.	p. 79
I'll send the URL of (link to) the page in the chat box.	p. 117

Could you hold on a second? I'll be right back.	p. 108
Let's leave the Zoom meeting and come back after taking a five-minute break.	p. 117
Could you try to connect again?	p. 142
I'm sorry to interrupt you, but I have another meeting. May I excuse myself?	p. 121
I have another meeting which begins in five minutes. The team members are expecting me.	p. 122
Let's wrap up the meeting. Thank you for participating.	p. 124

あと3H
会議前

あと2.5H
提案する　自己紹介
意見交換

あと2H
契約交渉　価格交渉

あと1.5H
保留する　問わせる

あと1H
終了する　軌道修正

あと0.5H
面接　プレゼン

Unit 2 Web会議のための基本発音練習 10分

ここから10分の目標

音声を聞いて基本発音の知識をモノにしよう！

英語でやりとりをしていると、「この英語はなぜこんな風に発音するのだろうか？」「この英語はなぜこんな風に聞こえるんだろうか？」と思うことがありませんか？　ここではWeb会議に役立つ、標準英語の発音とリスニングの秘訣を20項目に分け、発音リスニング公式20（略して「発リス」公式20）として学びます。この発リス公式20を理解すれば、英語の学習もとても楽しくなるでしょう。

それでは次の4つの順番で学習しましょう。

Part 1 　カタカナ英語から抜け出そう！
Part 2 　日本語にない子音を覚える！
Part 3 　数字のルールを覚えよう！
Part 4 　音声現象について学ぼう！

　また、本書ではアメリカ、イギリス英語のほか、台湾人の英語、インド人の英語も収録しています。「Part 5 　ノンネイティブの英語を知ろう！」として、これらの英語の特徴も学びましょう。Web会議できっと役立つはずです。

Part 1　カタカナ英語から抜け出そう！

発リス公式1 英語の発音で重要なのはアクセント（強勢）！　🎧007

日本語は比較的、平坦な発音をしますが、英語ではどの単語にもアクセントを置きます。以下の青い太字はアクセントが置かれる音です。音声を聞いて練習しましょう。

banana「バナァーナ」　spaghetti「スパゲッティ」

McDonald's「ムクダーヌウツ」

発リス公式2 二重母音を聞き取れるようになろう！　🎧008

「ou」「ei」のような二重母音も、日本語にはないものです。しっかり聞き取り、正しく発音できるようになりましょう。

Rome「ロウム」　cocoa「コウコウ」　blazer「ブレイザー」　NATO「ネイトー」

発リス公式3 弱まった曖昧な音の発音に注意！

アクセントのない音節の母音は弱まり、曖昧な音になります。　🎧009

energy「エナジィ」　allergy「アラジイ」　ribbon「リブン」

chocolate「チョークリット」　margarine「マージャリン」　career「カリア」

発リス公式4 日本語にない音を発音できるようになる！　🎧010

「d」「t」「s」「z」などの音を正しく発音できるようになりましょう。カタカナ表記に引きずられないように。

1. dilemma「ディレマ」

　カタカナでは「ジレンマ」となります。

2. etiquette「エティケッ(ト)」

　カタカナでは chi「チ」を使い「エチケット」。

あと2.5H
自己紹介
意見交換
提案する

あと2H
価格交渉
契約交渉

あと1.5H
闘わせる
保留する

あと1H
軌道修正
終了する

あと0.5H
プレゼン
面接

3. signal「スィグナゥ」 gossip「ゴスィッ(プ)」

カタカナでは、「シグナル」「ゴシップ」となります。

ちなみにsiやssiは「シ」ではなく「スィッ」に近い音です。

4. tourist「トゥリス(ト)」 twitter「トゥイッター」

カタカナでは、「ツーリスト」「ツイッター」となります。

5. chimpanzee「チンパンズィ」 music「ミューズィック」

zipper「ズィッパー」

カタカナでは、「チンパンジー」「ミュージック」「ジッパー」。

発リス公式5 日本語のカタカナ表記と全く違う発音に注意！ 🎧011

カタカナからは推測が難しい発音をする単語に注意しましょう。

1. Geneva「ジュニーヴァ」（ジュネーブ） 2. Vienna「ヴィエナ」（ウイーン）

3. vaccine「ヴァクスィーン」（ワクチン） 4. virus「ヴァイラス」（ウイルス）

5. mayonnaise「メヤネイズ」（マヨネーズ） 6. theme「シーム」（テーマ）

Part 2　日本語にない子音を覚える！

言語は母音と子音から成ります。母音とは「ア・イ・ウ・エ・オ」で、子音はそれ以外の音を指します。日本語は母音だけ、あるいは子音＋母音（k＋oで「コ」など）で発音されます。英語には口や舌、息を使って作り出す子音があります。

　日本人がlとrやthとsの区別が苦手なのは、日本語にそれらの違いがないからです。I think（私は思う）をI sink（私は沈む）、mouth（口）をmouse（ネズミ）、right（右）をlight（灯り）、rice（米）をlice（シラミ）と発音していませんか？　英語の口や舌の構えをしっかり身につけ、正しく発音し、聞き分けられるようになりましょう。

発リス公式6 語頭のlとrを区別しよう！ 🎧012

lとrが先頭にある単語は同じように聞こえるので、聞き分けにくいものです。聞き分けるためには自分が正しく発音できるようになることが第一歩です。

● [r]

舌の先が口内のどこにも当たらないようにして奥に移動させて発音します。語頭に軽く「ウ」をつけて発音しましょう。

rain「(ゥ)レイヌ」 reach「(ゥ)リーチ」 ready「(ゥ)レディ」

● [l]

舌の先を上の歯の裏側につけて発音します。語頭に軽く「ン」をつけて作る、すっきり出す音です。

live「(ン)リヴ」 lately「(ン)レイトリー」

Exercise 1 比べてみよう！ 🎧013

late「(ン)レイ(ト)／遅い」— rate「(ゥ)レイ(ト)／割合」
play「プレイ／遊ぶ」— pray「プエイ／祈る」
collect「コレク(ト)／集める」— correct「コエク(ト)／訂正する」
load「(ン)ロウド／積み荷」— road「(ゥ)ロウド／道路」

発リス公式7 語尾のl（エル）は小さいゥやュのように聞こえる！ 🎧014

1. fail「フェイュ」　2. feel「フィーゥ」　3. file「ファイュ」
4. tell「テゥ」　5. meal「ミーゥ」　6. level「レヴェゥ」
7. oil「オイュ」　8. little「リトゥ」

K's Tips ▶ 私も、語尾にlが来る音は聞き取りにくく、真似しにくかったです。

発リス公式8 thとsを区別できるようになろう！

● [θ]

舌の先を軽くかんで「スッ」と息を出しましょう。

bath　think　thank　nothing　tooth

● [s]

カタカナのサ行を、息を勢いよく出して発音します。はっきり響いて聞こえる音です。

bus　sea　sister　sincere

● [ʃ]

静かにしてほしい時の「シーッ」という音を出しましょう。

she　fashion　crash

発リス公式9 vとbを区別できるようになろう！

● [v]

日本語の「ヴ」に近い音で、上の歯で下唇をかんで音を出します。

have　voice　van　travel

● [b]

唇を閉じて息をためてから、「ブッ」と吐き出す感じの音を出します。

bed　cabbage　ban　trouble

K's Tips この2つを間違えている人、多いです！

travel「トレァヴァゥ」　　trouble「トラブゥ」

あと3H
会議前

あと2.5H
自己紹介
意見交換
提案する

あと2H
価格交渉
契約交渉

あと1.5H
闘わせる
保留する

あと1H
軌道修正
終了する

あと0.5H
プレゼン
面接

発リス公式10 ngとnを区別しよう！　🎧017

● [ŋ]

語尾のngを日本語の「グ」のようにはっきり発音せず、「ング」と鼻から息を出すように発音します。

ring「リング」　young「ヤング」

● [n]

語尾に来た時に「ヌ」という音の余韻が残ります。

fine「ファイヌ」　pain「ペイヌ」

Part 3　数字のルールを覚えよう！

発リス公式11 teenとtyを聞き分ける！　🎧018

13〜19までの数字の語末は -teen です。20〜90の -ty との違いに注意しましょう。例えばfifteen とfiftyはどう違うでしょうか。会議の時間設定などにおいては、特に15と50の区別が大切です。

● -tyで終わる語は前にアクセント！

fifty「フィフティー」

● -teenで終わる語は後ろのteenにアクセント！

fifteen「フィフティーン」

発リス公式12 数字は3桁で繰り上がる！　🎧019

ビジネスの交渉では数字をよく使いますが、読み方がわからない、という方が多いようです。数字には3桁ごとにコンマが入ります。右から1つめのコンマがthousand「千」、2つ目がmillion「100万」、3つ目がbillion「10億」と繰り上がっていきます。日本語の数の数え方とは区切りが違うのが、ややこしいところです。

「万」= 10,000 = ten thousand 「10万」= 100,000 = a hundred thousand

「百万」= 1,000,000 = a million 「1千万」= 10,000,000 = ten million

「1億」= 100,000,000 = one hundred million

「10億」= a billion 「100億」= ten billion

「331億5789万7千」= 33 billion 157 million 897 thousand

Part 4 音声現象について学ぼう！

英語の音声現象には「脱落」「連結」「短縮」「変化」「強弱」の5種類があります。
まとめて学びましょう。

発リス公式13 連続する子音の脱落に注意！ 🎧020

子音が連続して表れると、前の子音が脱落したり、非常に弱く発音されたりします。
以下で練習してみましょう。

top player「トップレヤー」 wet towel「ウェタウゥ」

last stop「ラーストップ」 hot dog「ホドッグ」

take care「ティケア」 look good「ルッグッ」 just now「ジャスナウ」

発リス公式14 文末の子音の脱落に注意！ 🎧021

文末に「d」/「t」/「p」/「b」/「g」/「k」が来ると脱落します。

Look!「ルッ(ク)」 Watch your step.「ワッチョステッ(プ)」

| 発リス公式15 | **子音＋母音は音と音が仲良く手をつなぐ！** 🎧 **022** |

子音で終わる単語の後ろに母音で始まる単語が来ると、音と音が仲良く手をつなぎます。これを連結と言います。

turn on「ターノン」電源を入れる　　turn off「ターノフ」電源を切る

a pair of「アペアロブ」一組の　　　　check out「チェッカ(ゥ)」調べる

check on「チェッコ(ヌ)」調べる　　　first of all「ファースタヴォー」初めに

keep in touch「キーピンタッ(チ)」連絡をする

| 発リス公式16 | **tは母音に囲まれると「ラ行」の音になる！** 🎧 **023** |

例えば、waterのtはaとeに囲まれているので「ワラ」と聞こえます。この知識はリスニングの助けになりますが、真似をする必要はありません。

butter「バラ」　letter「レラ」　put it「プリッツ」（tがuとiに囲まれています）

get out「ゲッラウ」（tがeとoに囲まれています）

about it「アバウ(リ)」（tはuとiに囲まれています）

| 発リス公式17 | **短縮される音のつながりに注意！** 🎧 **024** |

①「主語 + will/would」のwillやwouldは短縮される！

She'll＝「シール」　It'll＝「イトゥル」　I'd＝「アイドゥ」

②「will/would/should/could + not」の音は短縮される！

won't「ウオウン(ト)」　wouldn't「ウドゥン(ト)」　shouldn't「シュドウン(ト)」

| K's Tips | won't は「ウオウン (ト)」、want は「ウアン (トゥ)」と発音します。 |

あと3H
会議前

あと2.5H
自己紹介
意見交換
提案する

あと2H
価格交渉
契約交渉

あと1.5H
闘わせる
保留する

あと1H
軌道修正
終了する

あと0.5H
面接
プレゼン

③「主語＋have」「should/must/could/would/might/など＋haveの短縮形」の音は短縮される！

I've「アイヴ」　should've「シュダヴ」　must've「マスタヴ」

could've「クダヴ」　would've「ウダヴ」　might've「マイタヴ」

発リス公式18 口語の省略形に注意！　　　　　　　🎧025

got to (gotta) =「ガッタ」　want to (wanna) =「ワナ」

発リス公式19 「d/v/p/t/k/s/z/th/ ＋you」の音は変化する！🎧026

Could you =「クッジュー」　Have you =「ハヴュー」

help you =「ヘルピュー」

発リス公式20 強く読む品詞と弱く読む品詞がある！　🎧027

原則として、強く発音されるのは「名詞・動詞・形容詞・副詞・疑問詞」で、弱く発音されるのは「助動詞・be動詞・冠詞・前置詞・接続詞・関係詞」です。

●　　●　　●　　●
My name is Linda.

●●　●　　●●　　●
He's going to the bank.

Exercise 2 波に乗るように発音しましょう。　　　　🎧028

　　　　　　　●は強く、●は弱く、音声に続いて読んでください。

●　　●　　●　　●●
1. Mary didn't figure it out. (メアリーはそれが理解できませんでした)

figure it out は「フィギャリタウ(ト)」。

　　●　　●　　●　●　　●
2. How about taking a break together? (一緒に休憩しませんか?)

about taking a は「アバゥテイキンガ」。

3. It'll depend on the situation. (それは状況次第でしょう)

It'll は「イロゥル」、depend on は「ディペンドン」。

4. That'll come to thirteen hundred dollars. (合計1300ドルになります)

That'll は「ザッゥル」。'll と前置詞の to が聞こえにくい。

5. She's a member of the personnel department.

(彼女は人事部の一員です)

member of は「r+o」の連結で、「メンバロヴ」と聞こえる。department の2つの t は脱落して「デパー(ト)メン」。

6. What do you think of it? (あなたはそれをどう思いますか?)

What do の「t+d」の t が脱落、次の you とつながり「ワダユ」と聞こえる。think of は「k+o」の連続で「スィンコヴ」となる。

7. We need to take the matter seriously. (私たちはその問題を真剣に考える必要がある)

need to は「d+ t」の「d」が脱落して「ニートゥ」と聞こえる。matter は「マラー」と聞こえる。

8. This is the first step to becoming an accountant.

(これは会計士になる第一歩だ)

first step は「t+s」の t が脱落。an accountant は「n+a」の連結で「アナカウンタン(ト)」と聞こえる。

Exercise 3 ①から⑥の音声を聞いてカッコ内を埋めましょう。
解答は下にあります。 🎧029

① I've been looking for the monthly (　　　　) for an hour.

② You (　　　　) turned in the report on time.

③ I think I (　　　) (　　　) (　　　　) my desk.

④ I saw it in a (　　　　) just a few minutes ago.

⑤ (　　　) (　　　) (　　　) (　　　　) this questionnaire?

⑥ Let me (　　　) (　　　　) this way.

[Exercise 3の解答]
① **report:** reportのtは弱く「リポート」（訳：月例報告書を1時間探している）
② **should've:** should'veは「シュダヴ」となる（訳：あなたは期日通りにレポートを提出するべきだった）
③ **put it on:** put itは「t+i」が連結して「リ」の音、it onは「t+o」が連結して「ロ」のような音になり、全体で「プリッロン」のように聞こえる（訳：私はそれを机の上に置いたと思う）
④ **file:** fileは語尾に l があるので「ファイゥ」のように聞こえる（訳：数分前にファイルの中にあるのを見た）
⑤ **Could you fill out:** Couldとyouは連結して「クッジュー」、fill outは「フィラウ(ト)」のようにも聞こえる（訳：このアンケートに記入してくださいませんか？）
⑥ **put it:** tが母音のuとiに囲まれているので「プリッ」の発音になる（訳：こう言い換えましょう）

「発リス公式20」はいかがでしたか？　ここでの学習は本編の聞き取りや発話に必ず役立つはずです。またダイアログでは、アメリカ英語、イギリス英語だけでなく、ノンネイティブの英語も収録し、類書にない試みをしています。これからグローバルな場面でのWeb会議が増えるにつれ、こうした英語の聞き取りも必要になります。本書でしっかり身に着けてください（track 30以降はp. 45からです）。

あと3H
会議前

あと2.5H
自己紹介
意見交換
提案する

あと2H
価格交渉
契約交渉

あと1.5H
問わせる
保留する

あと1H
軌道修正
終了する

あと0.5H
プレゼン
商接

Part 5　ノンネイティブの英語を知ろう!

本書のダイアログでは、インド人の英語と中国語の影響を受けた台湾人の英語が出てきます。また、あわせて、ビジネスの場面で耳にする機会の多いシンガポール英語の特徴についても、学びましょう(音声は本書の一番後に収録されています)。

1. インド人の英語の発音の特徴

英単語の始まりの音から終わりの音にかけて、イントネーションが上がっていく傾向があり、単語と単語の切れ目がわかりにくいという特徴があります。また、Rの音を強く発音する人も多いようです。

① rの音を巻き舌で発音し、「ルル」と聞こえる　🎧124

after「アフタル」　barber「バルバル」　better「ベタル」　here「ヒアル」
rain「ルルェイン」　ring「ルルィング」　road「ルルォード」　server「サルバル」

② rの音を綴りどおり発音する　🎧125

air「エアル」　water「ウォータル」(またはブォータルル)
park「パルク」　paper「ペーパル」　supermarket「スーパル・マルケット」

③ thがtの音になる　🎧126

英語ネイティブの「th」は、舌を上前歯と下前歯の間に挟み、隙間から空気を漏らして「スッ」と発音します。しかし、インド人のthは舌が接触するt音です。
think「ティンク」　thick「ティック」　three「トゥリー」　thank you「タンキュー」

④ fとwの発音が濁る

fが語頭の単語

far「ブァルル」　finger「ブィンガルル」　foot「ブット」

wが語頭の単語

wait「ブェート」　water「ブォータルル」　winter「ブィンタルル」

2. 中国語の影響を受けた英語の発音の特徴

中国語ではすべての単語をはっきりと発音します。同じように英語を発音すると、ロボットが話しているような不自然さがあると評されることもあります。とはいえ、平坦には聞こえず、イントネーションはしっかりつけます。

① v を f に置き換える

これは、中国語にはvの音がないからです。

love「ラフ」　five「ファイフ」　very「フェリー」　　🎧 **127**

② p/b/k/d などの前に「ッ」が聞こえる

keep「キーップ」　work「ワック」

③ 語末に母音を付け足す

中国語では、語末に母音を付け足して発音するので、英語の語末にも母音を付け足してしまいがちです。

first「ファーストォォ」

④ /u/ の音を、/ʊ:/（ウー）と伸ばす

book「ブーカァ」、look「ルーカァ」

なお、bookもlookも語末が子音なので、母音が付け足されがちです。

⑤ n で終わる単語を /ŋ/ と発音する

thin「シング」

3. シンガポール英語発音の特徴

シンガポール英語はイギリス英語の影響を強く受けています。

① rの発音が極端に弱くほとんど聞こえない

car park「カ・パ」

② thがtやdになる

thing「ティング」、think「ティンク」、they「デイ」

③ 長音が省略される

walk「ウオック」　Let's walk.「レッツウオック」

K's Tips ▶ OKは「オーケーラ」と発音することが多いです。

あと3H
会議前

あと2.5H
自己紹介
意見交換
提案する

あと2H
価格交渉
契約交渉

あと1.5H
問わせる
保留する

あと1H
軌道修正
終了する

あと0.5H
プレゼン
面接

Web会議の スケジュール調整 10分

ここから10分の目標

自分で使う必要がありそうなメールの例をチェックしておきましょう。

ここではWeb会議の日時の設定や変更を知らせるときに使えるEメールの例を学びます。本書の会議例に出てくるように、さまざまな国からの出席者がいる場合には、時差やその国の休日等も考慮し、スケジュール調整を行わなければなりません。これをベースに、用途や目的に合わせてカスタマイズしてお使いください。

① Web会議の希望日時の回答依頼

会議出席者に、都合の良い日時を回答するよう指示するメールです。

Subject: Meeting on decreasing the defect rate

Dear Quality Control Department members,
I'm writing to you all to arrange a meeting to talk about measures to decrease the defect rate.
I have set up a form using the *Online Scheduling Tool* to arrange the schedule.
Would you please visit the *URL* and fill in the form by 5 p.m. JST, Wednesday, July 8?

Sincerely,
Nozomi Tanaka

件名：不良率低減のための会議

品質管理部メンバー各位

不良率低減対策について話し合うための会議を設定するために、皆さんにご連絡を差し上げています。
オンラインの日程調整ツールでスケジュールを決定するためのフォームを用意しました。7月8日水曜日、
日本時間午後5時までに、URLを開いて、フォームにご記入いただけますか？

敬具　田中希

あと2.5H
自己紹介
意見交換
提案する

あと2H
価格交渉
契約交渉

あと1.5H
闘わせる
保留する

あと1H
軌道修正
終了する

あと0.5H
プレゼン
面接

② Web会議の日程のお知らせ

会議日程の詳細と参加方法、議題、さらに、共有すべき資料の準備について
も述べられています。

Subject: Re: Meeting on decreasing the defect rate

Dear all,
Thank you very much for your replies. Our meeting has been scheduled
from 10:00 a.m. on Friday, July 17. Please access the URL a few minutes
before the meeting starts.

Agenda
1. Reports on the recent increase in the defect rate ... 10 minutes
2. Measures to be taken to decrease the defect rate ...10 minutes
3. Discussion session ...10 minutes

Please share any documents and/or slides you'll be using before the
meeting starts.

Best regards,
Nozomi Tanaka

件名：Re: 不良率低減のための会議

皆さま、ご返信ありがとうございました。会議は7月17日金曜日の10時に設定されました。
会議開始の数分前にURLにアクセスしてください。

議題

1. 最近の不良率増加の報告…10分
2. 不良率を低下させるための対策…10分
3. ディスカッション・セッション…10分

当日使用する資料やスライドがありましたら、会議開始までに共有してください。

草々　田中希

③日程確認済みのWeb会議のアナウンス

カレンダーですでに出席者の予定を確認した上で、空いているところに会議を入れる際のお知らせメールです。

Subject: Meeting date and time

I have scheduled the Zoom meeting from 11 to 11:40 a.m. on Thursday, July 30.
According to Groupware, everyone seems to be available at that time.
Please let me know by email by Saturday, July 25 whether or not you will be able to join the meeting.

Sincerely,
Mark Suzuki

件名：会議の日時

7月30日木曜日の11時から11時40分までZoom会議を予定しました。
グループウェアでは、その時刻に皆さん出席可能のようです。EメールでZoom会議に参加できるか否かを7月25日土曜日までにご連絡ください。

敬具　鈴木マーク

④会議日程の再調整

会議の候補日を出したものの、全員の予定が合わなかったとき、再度、回答を求めるメールです。

Subject: Rescheduling a meeting

I'm sorry to inform you that none of the dates I suggested works for all of us. Please choose a convenient date and time from the following:

    10:00 to 10:40 on Wed., November 6
    11:00 to 11:40 on Thurs., November 7

I'd appreciate your reply by October 30.

Sincerely,
Asuka Yamada

件名：会議日程の再調整

残念ながら、お伝えした日程では全員の都合が合うものが一つもありませんでした。
以下からご都合のよい日時をお選びください。
　11月6日(水)　10時から10時40分
　11月7日(木)　11時から11時40分
10月30日までにお返事をいただければ幸甚です。
敬具　山田明日香

⑤会議中止のお知らせ

急遽、会議が中止になった場合のお詫びのメールです。今後のアクションについても述べられています。

あと2.5H
提案する
自己紹介
意見交換

あと2H
契約交渉
価格交渉

あと1.5H
保留する
闘わせる

あと1H
終了する
軌道修正

あと0.5H
面接
プレゼン

Subject: Cancellation of the meeting

I'm writing to inform you that the meeting on the 30th has been cancelled due to an urgent event. I apologize for such short notice. I will send you another email to reschedule the meeting for a later time.
I would appreciate your understanding.

Best regards,
Hana Amano

件名：会議の中止
30日の会議は急な行事のためにキャンセルとなりました。急なお知らせで申し訳ありません。後日の会議の日程再調整のEメールを後ほどお送りいたします。
ご理解に感謝申し上げます。
草々　天野はな

K's Tips ▶ 日程調整ができない場合は due to a schedule conflict（予定が合わず）が万能表現です。最後に I would appreciate your understanding. を入れましょう。

⑥スケジュール調整のお役立ちフレーズ

最後に、Web会議のスケジュール調整に役立つフレーズを挙げておきます。

≪開催を伝える≫

・10月7日水曜日、午前11時（日本時間）に、オンライン会議を開催することをお知らせします。

This is to notify you that we will be holding an online meeting at 11:00 a.m. (JST) on Wednesday, October 7.

・私共のオンライン会議にご参加いただきたくご連絡いたします。

We would like to invite you to join our online meeting.

≪議題を伝える≫

・（商品の）不良率低減の方法について話し合いたいと思います。

We would like to talk about measures to decrease the defect rate.

≪日時を決める≫

・ご都合のよい日程を教えていただけないでしょうか？

Would you please let me know when you will be available?

・再度ご都合をお知らせいただけますか？

Would you please let me know your availability again?

・新しい日時が決定次第、ご連絡させていただきます。

I will let you know as soon as the new date and time are decided.

・スケジュールが合わないため、次回の会議は8月1日に変更となりました。

The next meeting has been rescheduled for August 1 due to a schedule conflict.

K's Tips

＊メンバーが世界各地に散らばっているような場合は、会議開催時がどこの「時間帯」を基準にしているかも明記しましょう。日本時間であれば「JST」（Japan Standard Time）となります。あるいはUTC（協定世界時）を基準に、±で時差を示すという表記方法もあります。メールやサーバー等の時間表記では一般的かもしれません。

例：・15:00-16:00 （JST）
　　・15:00-16:00 （JST, UTC+9）
　　・15:00-16:00 ［+0900 （JST）］

本番まであと2時間半!!

さあ、Web会議が始まります。会議のスタート時には、音声の接続状況を確認することが大切です。音が小さかったり、ノイズが入ったり、ハウリングしたりすると、コミュニケーションが成り立ちません。対面の会議と違い、こうした環境に気を配らなければならないのも、Web会議の特色です。

ここから30分の学習

【Unit 4】
自己紹介と
議題の確認

10分

【Unit 5】
意見交換する
(意見を求める、提案に賛成・反対
する、など)

10分

【Unit 6】
提案する
(意見を述べる、提案
する、詳細を聞く・答
える、など)

10分

【ミーティングは意見交換の場】

Web会議では進行役(ファシリテーター)の存在が重要です。会議の雰囲気づくりに努め、参加者に発言を促し、あるいは発言を止めたりすることでスムーズに会議が進みます。また、Web会議では、一度に一人ずつ発言しないと音声がかぶって、混乱の原因になります。Speak one at a time(一度に一人ずつ話す)のルールを守りましょう。

　ここでは、賛成、反対(部分的なものも含む)する時の表現を学ぶのはもちろんのこと、相手の気分を害さずに反論するYou have a point there, but ...(あなたのおっしゃることは一理あります、ですが…)などの言い回しも身につけましょう。

あと3H
会議前

あと2.5H
自己紹介
意見交換
提案する

あと2H
価格交渉
契約交渉

あと1.5H
闘わせる
保留する

あと1H
軌道修正
終了する

あと0.5H
プレゼン
面接

　また、相手の話をもっと詳しく知りたい場合は、**Could you clarify ...?**（〜を明確にしていただけませんか?）と依頼すること、そして、もしそう言われたら、**To be more specific, ...**（もっと具体的に言いますと…）と前置きして説明できるようになることが大切です。

以下に、心に留めておきたい、Web会議で英語を話す場合のルールを挙げます。

> 1　大きな声と明瞭な発音で話す。
> 2　表情豊かにジェスチャーを入れながら話す。
> 3　英語を母国語としない人が参加者の中にいるときは、理解が難しい
> 　　イディオムやスラング、短縮形などはなるべく使わないようにする。
> 4　他人の発言を傾聴し、途中で話をさえぎらないようにする。

　大人数の中で発言する際には、**This is Katsuno speaking.**（かつのが発言させていただきます）のように、発言者を明確に周りに知らせる前置きを入れるのもよいでしょう。これは電話会議でも同じです。

自己紹介と議題の確認

10分

ここから10分の目標

次のフレーズを英語で言えるようになりましょう。

❶ 私の声ははっきり聞こえますか？　Web会議に効くフレーズ

❷ 本日の会議の進行役を務めます。

❸ 議題は2つあります。

❹ 各議題には30分が割り当てられています。

❺ 技術的な質問に答えるために出席しています。

❻ 最初の議題は「マスクの在庫の減らし方」です。

Situation

ここではヘルス・ケア・プロダクト・ジャパンの営業マネージャーの山田さんが進行役を務める会議を聞いてみましょう。4月に入社した鈴木陽子さんの発言にも注目です。

「本日の会議の進行役を務めます」

音声を再生し、このシーンで行われている会話を聞きましょう。　🎧 030

ナレーター　進行役／鈴木陽子（新入社員）＝アメリカ人

進行役： Hello, everyone. I see we're all here. ❶ **Is my** voice clear?

全員： Yes, we can hear you.

進行役： OK, good. I'm Joji Yamada. I'm a sales manager at Health Care Products Japan. ❷ **I'll be** facilitating today's meeting. ❸ **We have** two items **on the agenda**. Let me share the agenda file now. ❹ Thirty minutes **have been allocated to** each item. Yoko Suzuki joined our company in April. Yoko, please introduce yourself.

鈴木陽子： I'm Yoko. I'm a researcher and ❺ **I'm here to** answer technical questions. I'm still learning English. However, I'd like to share my thoughts and ideas. I'll do my very best to answer your questions.

進行役： Thanks to the new vaccine, our lives have returned to normal. Unfortunately, we overproduced masks.

あと3H
会議前

あと2.5H
自己紹介
意見交換
提案する

あと2H
価格交渉
契約交渉

あと1.5H
闘わせる
保留する

あと1H
軌道修正
終了する

あと0.5H
プレゼン
面接

❻The first **item on the agenda is** "How to reduce our inventory of masks."

進行：皆さん、こんにちは。全員揃いましたね。❶私の声ははっきり聞こえますか？

全員：はい。聞こえます。

進行：オーケー、良かった。山田譲二です。ヘルス・ケア・プロダクト・ジャパンの営業マネージャーです。❷本日の会議の進行役を務めます。❸議題は2つあります。議題のファイルを共有しましょう。❹各議題には30分割り当てられています。鈴木陽子は4月に入社しました。陽子、自己紹介してください。

鈴木：陽子です。私は研究員で、❺技術的な質問に答えるために出席しています。まだ英語は学んでいる最中です。ですが、自分の考えやアイデアを共有したいと思います。皆さまからの質問にお答えできるように最善を尽くします。

進行：新しいワクチンのおかげで、私たちの生活は日常に戻りました。あいにく当社ではマスクを過剰生産してしまっています。❻最初の議題は「マスクの在庫の減らし方」です。

ではマスターすべき表現❶〜❻を解説します。ほかの場面でも使いまわしが効く表現なので、必ず一度は声に出してリピートしてみましょう。

❶ まずは声が聞こえているかどうか確認を

声が皆に聞こえているかどうか確認するためには、さまざまな言い方がありますが、とっさにどう言おうかと悩むもの。**Is my voice clear?** もそのバリエーションの一つです。**Can you hear me?** などとも言えますね。

❷ 司会者の自己紹介に使える I'll be facilitating today's meeting.

動詞 facilitate は、「[物・事が仕事などを]楽にする、促進する、円滑に進める、手助けする」というのが元の意味ですが、ビジネスではもっぱら「**司会進行をする**」という意味で使われます。**I'm going to facilitate** ではなく、この **I'll be facilitating** をよく使います。

❸ We have［数］items や There are［数］items は便利表現！

We have two items は、There are two items と言い換えることができます。item は「項目」という意味で、topicやissueに置き換え可能です。

❹ 汎用性の高いallocate（割り当てる）

時間、予算、部屋、仕事などについて使えます。

❺ I'm here to ... は、日常からビジネスまでカバーする便利表現

会議での自己紹介だけでなく、会社訪問やプレゼンなどでも使えます。例：I'm here to see Mr. Garcia.（ガルシア様にお目にかかりに参りました）、I'm here to introduce our latest model.（当社の最新モデルをご紹介するために参りました）

❻ The first item on the agenda is ... は「最初の議題は…」

The first ... の序詞の部分を、話が進むにつれてThe second、The third のように入れ替えることができます。

 ❶〜❻のマスターすべき表現を、ポーズの部分でリピートしましょう。ダイアログの英文を見てもかまいません。 🎧031

あと3H 会議前

あと2.5H 提案する 意見交換 自己紹介

あと2H 価格交渉 契約交渉

あと1.5H 闘わせる 保留する

あと1H 終了する 軌道修正

あと0.5H 面接 プレゼン

↻ 表現を使い回そう!

マスターすべき表現の一部を使ったフレーズを紹介します。最初は日本語と英文を見ながら、慣れたら目を離して、ポーズの部分で英語を言いましょう。

❶ 声の大きさは大丈夫でしょうか？
  Is my voice volume OK?

❷ 本日の会議の議長を務めさせていただきます。
  I'll be chairing today's conference.

❸ 話すべきことが2つあります。
  We have two issues to discuss.

❹ そのプログラムには国費が割り当てられています。
  State funds **have been allocated to** the program.

❺ 課題のお手伝いのために来ました。
  I'm here to help you with the assignment.

❻ 2つ目の議題は「新規顧客を獲得する方法」についてです。
  The second **item on the agenda is** "How we can get new clients."

応用講座　🎧033

①自己紹介、参加者紹介のフレーズ

ここでは、自分のことを簡単に説明する、あるいは会議に同席している参加者を紹介する言い方をいくつか学びましょう。

1. デザイン部の新入社員、アン・ドーレーを紹介させていただきます。

I'd like to take this moment to introduce our new staff member, Ann Dorey, in the design department.

2. ご紹介ありがとうございます。アン・ドーレーです。

Thank you very much for introducing me. I'm Ann Dorey.

3. こんにちは、ジュンです。

Hi, I'm Jun.　**K's Tips** ▶ カジュアルな打ち合わせでは、下の名前で呼び合います。

4. 営業部のマーク・スミスです。

This is Mark Smith from the sales department.

K's Tips ▶ 電話会議の場合は、よく This is ... で始めます。

5. 自己紹介させてください。私はバングラデシュとの窓口担当です。

Let me introduce myself. I'm the contact person for Bangladesh.

6. 海外市場についての情報を提供するために参りました。

I'm here to provide information on overseas markets.

あと3H 会議前／あと2.5H 提案する 意見交換 自己紹介／あと2H 契約交渉 価格交渉／あと1.5H 保留する 問わせる／あと1H 終了する 軌道修正／あと0.5H 面接 プレゼン

7. 期待に答えられるように最善を尽くします。

I'll do my very best to meet your expectations.

K's Tips ▶ very best の v と b の発音注意！

8. 今回のやりがいのある仕事を楽しみにしております。

I'm looking forward to the challenge.

②会議のオープニングのフレーズ 🎧034

進行役や司会を務める場合には、どう会議を始めるかも重要です。また、オープニングの中では次のようなフレーズが役立ちます。

1. 本日はお時間をいただき、ありがとうございます。

Thank you for your time today.

2. 時差により、この会議がご不便をおかけしていることを理解しております。

I understand the inconvenience this meeting has caused you due to the time difference.

3. この会議が実り多いものとなりますように。

I hope this meeting will be a fruitful one.

4. 基本、ビジネス会議ではありますが、ざっくばらんに話しましょう。

Basically, this is a business meeting, but let's speak frankly.

③ Web会議に効くフレーズ　🎧035

まずは、声が聞こえているかどうかを確認しましょう。こんなシンプルな英語で
OKです!

1. 私の声ははっきり聞こえますか？
Is my voice clear?

2. 私の声が聞こえてますか？
Can you hear me?

3. すみません、あなたの声が聞こえません。
Sorry, we can't hear you.

> **K's Tips** | can'tのtの音がほとんど聞こえなくなるので注意しましょう。

4. 大きな声で話していただけますか？
Could you speak up?

> **K's Tips** | 発音は「クッジュースピーカップ」となります。

> **これはNG!** | I can't listen to you. は「あなたの話は聞いていられない」という意味になってしまいます! また、Could you speak more loudly?というと、loudly が「騒がしく」を意味するので NG です。

▶ **リハーサル**　🎧036

最後に、ダイアログのトラックを使って、マスターすべき表現の直後のポーズで口に出してみましょう。英文を見てもかまいませんが、なるべく学んだことを思い出しながら言ってみましょう。

あと3H 会議前

あと2.5H 提案する 意見交換 自己紹介

あと2H 契約交渉 価格交渉

あと1.5H 保留する 闘わせる

あと1H 終了する 軌道修正

あと0.5H 面接 プレゼン

意見交換する   10分

ここから10分の目標

次のフレーズを英語で言えるようになりましょう。

❶ では、ご意見をお聞かせください。

❷ そのアイデアに大賛成です。

❸ 一理ありますね。ですが、私はそうは思いません。

❹ 声が途切れています。 Web会議に効くフレーズ

Situation

余剰在庫の処理の方法を話し合っている場面です。意見を求める、賛成する、部分的に反対するなどの表現を身につけましょう。また、Web会議で声が途切れている、言葉が聞き取れないといった時の表現も学びましょう。

「では、ご意見をお聞かせください」

音声を再生し、このシーンで行われている会話を聞きましょう。 🎧 **037**

ナレーター　進行役＝アメリカ人　参加者1＝イギリス人　参加者2＝インド人

進行役： ❶ Now, **I'd like to get your thoughts,** please, Mr. Smith.

参加者1： We have to reconsider our prices in order to reduce inventory build-up.

参加者2： ❷ **I totally agree with you.** Our competitors have the same problem, so I think we'll have to wait and see how much they reduce their prices.

参1： ❸ **You have a point there, but** my idea is different from yours. We have too much inventory. We should decide the timing of a markdown.

参2： ❹ **Your voice is breaking up.** I couldn't catch the last part.

参1： I said, "the timing of a markdown." We should be the first to reduce our prices.

あと3H 会議前
あと2.5H 提案する 意見交換 自己紹介
あと2H 契約交渉 価格交渉
あと1.5H 闘わせる 保留する
あと1H 終了する 軌道修正
あと0.5H 面接 プレゼン

進行： ❶では、ご意見をお聞かせください、スミスさん。

参1： 積みあがっている在庫を減らすためには価格を考え直さなければなりません。

参2： ❷そのアイデアに大賛成です。競合他社も同じ問題を抱えているので、どれくらい価格を下げて
くるのかを待つのが良いと思います。

参1： ❸一理ありますね。ですが、私はそうは思いません。うちは在庫が多すぎるのです。値下げのタイ
ミングを決定しなければなりません。

参2： ❹声が途切れています。最後の方が聞き取れませんでした。

参1： 「値下げのタイミング」と言ったのです。当社が最初に値下げしなければならないと思うのです。

今回マスターすべき表現は、以下の❶〜❹です。必ず一度は声に出してリピー
トしてみましょう。

❶「I would like to get your thoughts, ＋人の名前」は便利な表現

thoughtsにはon ＋目的語を続けることもできます。また、ダイアログのように文
頭にNowを入れると、「では」と切り出す感じがよく出ます。

❷「大賛成」はabsolutely、quite、totallyを使って

「大賛成です」と言う時は、I absolutely/quite/totally agree with you.とします。
I couldn't agree more with 〜.も「大賛成です」の意味になります。否定形なので、
「大反対です」と意味を間違わないように注意。「これ以上賛成はできない」＝「大
賛成です」ということです。似たような例でI couldn't be happier.（最高に幸せ
です）、Couldn't be better.（絶好調です）などもよく使われます。

❸ 相手の意見に理解を示し、話を先に進める

You have a point there は、相手の意見に理解を示し、話を続ける時の表現
です。反論する場合はbutの後ろに続けます。もちろん、そのまま賛成意見に
も使え、例えば You have a point there. I'll talk it over with our department.
（おっしゃることはわかります。我々の部署で話し合ってみます）のように言います。

❹ 声が途切れ途切れで聞こえにくい時は break up を使う

break up には「バラバラになる、解散する、崩れる」の意味があります。

 ❶〜❹の**マスターすべき表現**を、ポーズの部分でリピートしましょう。　🎧 **038**
ダイアログの英文を見てもかまいません。

あと1.5H
保留する 聞わせる

あと1H
終了する 軌道修正

あと0.5H
面接 プレゼン

◯✓ 表現を使い回そう！

マスターすべき表現の一部を使ったフレーズを紹介します。最初は日本語と英文を見ながら、慣れたら目を離して、ポーズの部分で英語を言いましょう。

❶ 品質管理についてあなたのお考えを聞きたいです。

I would like to get your thoughts on quality control.

> **K's Tips** ── 黙っている人に対して発言を促すには、I'm interested in your thoughts. がお勧め！

❷ あなたの地産地消の意見に大賛成です。

I totally agree with your idea of local production for local consumption.

❸ 一理ありますね、ですが、ブランド認知度を構築することがわが社には重要です。

You have a point there, but it's important for us to build our brand recognition.

❹ あなたの声が途切れていて聞こえにくいです。

I'm having trouble hearing you because **your voice is breaking up**.

応用講座

①意見を求めるフレーズ 🎧040

相手から意見を引き出すのも進行役や司会者の大事な役割。特に発言が偏りそうな場合には、うまい誘導が求められます。便利な表現をいくつか学びましょう。

1. では、あなたから始めていただけますか、ジェーン？

Now, could you start things off, Jane?

2. スコットさん、それをどう思いますか？　※意見を聞くカジュアル表現のNO. 1。

What do you make of it, Mr. Scott?

3. スミスさん、在庫管理についてあなたの意見を伺いたいのですが。

Mr. Smith, I'd like to get your feedback on inventory control.

K's Tips 上司には thoughts より丁寧な feedback を使いましょう。

4. 在庫の需要に関し、あなたはどうお考えですか？

What are your views (thoughts) on inventory demand?

②提案に賛成・反対するフレーズ

I agree with ....(…に賛成です)のagreeの前にabsolutely/quite/totallyを付ければ「全面的に賛成する」を意味します。ただし、反対する場合のI disagreeの前にこれらの副詞を付けると強硬な反対になるので注意しましょう!

●賛成するフレーズ
🎧041

1. 私はそれに（大）賛成です。

I (absolutely/quite/totally) agree with you.

2. 私は流通経路を変更するというあなたの考えに賛成です。

I support your idea of changing our distribution channels.

3. 運送会社を変更する考えに賛成です。

I'm for your idea of changing transportation companies.

4. 私の考えはあなたの考えと同じです。

My idea is the same as yours.

5. まさにそれが私の見方です。

That's just how I see it.

6. あなたのご意見は大変興味深いです。

Your thoughts are quite interesting.

●反対するフレーズ
🎧042

1. すみませんが、外注業者を使うことには反対です。

I'm afraid I disagree with the idea of using an outsourcing company.

2. すみませんが、パートタイム従業員を雇用する考えに反対です。

I'm afraid I'm against your idea of hiring part-time employees.

あと3H
会議前

あと2.5H
提案する 意見交換 自己紹介

あと2H
契約交渉 価格交渉

あと1.5H
保留する 闘わせる

あと1H
終了する 軌道修正

あと0.5H
面接 プレゼン

3. 残念ながら、私の考えはあなたの考えとは違います。

I'm afraid that my idea is different from yours.

●部分的に同意する・同意しながら反対するフレーズ　🎧043

1. あなたがおっしゃった最初の点に同意します。

I agree with the first point you made.

2. あなたのおっしゃることは一理ありますが、私たちはもっと商品を宣伝すべきです。

You have a point there; however, we should advertise the product more.

3. お話の要点はわかりますが、私たちは在庫を過剰に持つ余裕はありません。

I can see your point, but we can't afford to overstock.

4. それは良いご指摘ですが、私は経験が重要だと思います。

That's a good point; however, I think experience is important.

③在庫と価格に関するフレーズ　🎧044

1. 私たちは在庫の需要を見極めなければなりません。

We should identify inventory demand.

2. 市場は過熱状態です。

The market is overheated.

3. 私たちは衛生マスクの需要に追いつくことができません。
We can't keep up with the demand for surgical masks.

4. 強い需要が価格を引き上げています。
Strong demand is pushing up prices.

5. 売上が落ちたので在庫を調整しなければなりません。
Sales have fallen, so we have to control our inventory.

6. 価格の値下げは戦略的に計画されるべきです。
Markdowns should be strategically planned.

7. 特定の品々を20%引きの価格で提供しております。
We're having a 20 percent markdown on selected items.

8. そのレストランはメニューの価格を40%下げました。
The restaurant marked down their menu prices by 40 percent.

④Web会議に効くフレーズ　　　🎧045

相手に声の聞こえ方を改善してほしいときのフレーズです。それぞれ発音に注意しましょう。

1. 声が途切れています。
Your voice is breaking up.　※breaking upは「ブレーキナップ」

2. 声が途切れます。

Your voice is choppy.　※choppyは「チャッピー」

3. ところどころしか聞こえません。

I can only hear your voice intermittently.　※intermittentlyは「インターミッテントゥリ」

4. 声が聞こえたり聞こえなかったりします。

You're fading in and out.　※fading in and outは「フェイディンイナナウト」

> **K's Tips**　発話のスピードが速すぎたり、言い回しが理解できなかったりする場合は、I couldn't catch the last part.（最後の方が聞き取れませんでした）なども便利なフレーズです。

 ▶ リハーサル　🎧046

最後に、ダイアログのトラックを使って、**マスター**すべき表現の直後のポーズで口に出してみましょう。英文を見てもかまいませんが、なるべく学んだことを思い出しながら言ってみましょう。

提案する　　　　10分

ここから10分の目標

次のフレーズを英語で言えるようになりましょう。

❶ 始める時間です。

❷ カメラを起動しましたか？　　Web会議に効くフレーズ

❸ 彼らに勝つために価格は70ドルに設定すべきだと思います。

❹ 価格は100ドルに合わせて、30ドルのギフト券を提供してはいかがでしょうか？

❺ その点を明確にしていただけませんか？

❻ 具体的にはギフト券を持つお客さまは、私たちのレストランに来てくれるでしょう。

Situation

ここでは、レストランでの新メニューの価格設定の会議を聞きます。カメラの確認、意見の述べ方、提案の方法の基礎、詳細に関する質問と応答の方法も覚えましょう。

「その点を明確にしていただけませんか?」

音声を再生し、このシーンで行われている会話を聞きましょう。 🎧047

ナレーター　進行役＝アメリカ人女　参加者1＝アメリカ人男　参加者2＝イギリス人

進行役： **❶** It's time to **get started.** Mr. Smith, I can't see your face. **❷** Have you **enabled** your camera?

参加者1： Oh, sorry, I'll turn it on.

進行： In the last meeting, we decided to introduce a Japanese New Year's dish named "Osechi Ryori." Today, we're here to set the price.

参1： Orizuru Restaurant, our competitor, set its price at $100 last year and it was a great hit. **❸** I think we should set our price at $70 to beat them.

参加者2： **❹** How about matching the price of $100, but giving out $30 certificates? We can increase turnover that way.

参1： **❺** Could you clarify your point?

参2： Yes. **❻** To be more specific, customers with gift certificates would visit our restaurant and spend additional money, which would help to increase sales.

あと3H 会議前

あと2.5H 提案する／意見交換／自己紹介

あと2H 契約交渉／価格交渉

あと1.5H 保留する／問わせる

あと1H 終了する／軌道修正

あと0.5H 面接／プレゼン

進行： ❶始める時間です。スミスさん、お顔が見えません。❷カメラを起動しましたか？

参1： すみません、起動しますね。

参2： 前回の会議では、日本の新年の料理である「お節料理」をメニューに加えることを決定しました。今日はその価格を設定するためにお集まりいただきました。

参1： 私たちの競合相手の、オリヅルレストランは昨年「お節料理」に100ドルの価格をつけて、大ヒットさせました。❸彼らに勝つために価格は70ドルに設定すべきだと思います。

参2： ❹価格は100ドルに合わせて、30ドルのギフト券を提供してはいかがでしょうか？　そうすることで売上を上げられます。

参1： ❺その点を明確にしていただけませんか？

参2： はい。❻具体的にはギフト券を持つお客さまは、私たちのレストランに来て追加料金を払ってくれるでしょうから、それが売上増加につながります。

今回マスターすべき表現は、❶〜❻です。必ず一度は声に出してリピートしてみましょう。

❶ It's time to get started. は「始める時間です」

get started には、start よりも相手を気遣うニュアンスがあります。ネイティブがよく使う表現です。It's time to ...（…する時間です）の形も覚えましょう。

❷ enable one's camera は「カメラを起動する／オンにする」

enable が「機能などを使用可能にする」を意味することは知らない人が多いようです。enable ＋目的語＋ to ...(動詞の原形)で「目的語が…することを可能にする」という用法も覚えましょう。

❸「I think ＋主語＋ should ＋動詞」は意見を述べる基本表現

「I would say ＋主語＋ should ＋動詞」にすると、上司に意見を述べる場合や言いにくいことを伝える場合に使えます。

あと3H
会議前

あと2.5H
提案する 意見交換 自己紹介

あと2H
契約交渉 価格交渉

あと1.5H
保留する 闘わせる

あと1H
終了する 軌道修正

あと0.5H
面接 プレゼン

❹ How about ＋ …ing形？（～したらどうですか？）は、その場で思いついた提案

Why don't you/we …? もその場で思いついた提案です。経験等に基づく提案にはUnit11のI recommend that … を参照のこと。

❺ Could you clarify …? は明確な説明を求める表現

これは、ビジネスでは使用頻度が高いフレーズです。根拠や詳細を明確に答えることが求められます。

❻ To be more specific, は、具体的に話す場合の前置き表現

specific は「明確な、具体的な」という意味です。名詞形の specifications は「詳細・仕様書」を指します。

 (Repeat)　❶～❻のマスターすべき表現を、ポーズの部分でリピートしましょう。ダイアログの英文を見てもかまいません。　🎧**048**

◯ 表現を使い回そう！ 🎧049

マスターすべき表現の一部を使ったフレーズを紹介します。最初は日本語と英文を
見ながら、慣れたら目を離して、ポーズの部分で英語を言いましょう。

❶ さあ、始めましょう。
Now, let's **get started**.

❷ オンライン会議が多くの人々の在宅勤務を可能にしました。
Online meetings have **enabled** many people to work at home.

❸ 価格を注意深く設定するべきだと思います。
I think we should set the price carefully.

❹ 駅の前でチラシを配布したらどうですか？
How about handing out fliers in front of the station?

❺ この最新の数字について詳細を説明していただけませんか？
Could you clarify this latest figure?

❻ もっと具体的に言いますと、広告宣伝予算を増やすべきなのです。
To be more specific, we should increase our advertising budget.

応用講座

🎧 050

① 意見を述べる一般的なフレーズ

意見を述べる表現は大きく分けると下記の4種類があります。2.の使用頻度が一番高く、今後の予想として自信のある場合はwillを、慎重に発言する場合はwouldを、「〜すべきだ」と主張したい場合はshouldを使います。また、控えめに意見を述べる場合はI would sayを使います。

1. I believe that ＋主語＋(should/will/would)＋動詞

2. I think that ＋主語＋(should/will/would)＋動詞

3. I feel that ＋主語＋(should/will/would)＋動詞

4. I would say that ＋主語＋(should/will/would)＋動詞

例

1. わが社の新製品は大ヒットすると信じています。

I believe that our new product will be a big hit.

2. この販売戦略はうまくいくのではないかと思います。

I think this sales strategy would work.

3. 酸味を20%減らすべきだと思います。

I feel that we should reduce the sour flavor by 20 percent.

4. 割引率を見直した方が良いのではないかと思います。

I would say that we should review the discount percentage.

あと3H 会議前 会議前

あと2.5H 自己紹介 意見交換 提案する

あと2H 価格交渉 契約交渉

あと1.5H 闘わせる 保留する

あと1H 軌道修正 終了する

あと0.5H プレゼン 面接

②提案するフレーズ 🎧051

1. ミネラルウォーターを目玉商品として販売してはいかがでしょうか？
How about selling mineral water as a loss leader?

2. 商品を店内で実地説明（実演）してみてはいかがでしょうか？
Why don't we demonstrate our products in store?

> **これはNG!**　Why don't we/you ～? は「なぜ
> ～しないの？」とは訳せません！

③詳細を聞く・答えるフレーズ 🎧052

clarify（明確にする）、elaborate（詳しく述べる）、specific（明確な）などを使い
こなせるようになりましょう。

1. おっしゃったことをもっと明確にしてくださいませんか？
Could you **clarify** that remark?

2. もっと具体的に話してくださいませんか？
Could you be more **specific**?

3. あなたのお考えを詳しく説明していただけませんか？
Could you **elaborate** on your thoughts?

4. もう少し詳しくご説明いただけますか？
Could you please **explain** it in more detail?

④ Web会議に効くフレーズ 🎧053

1. カメラを起動しましたか？

Have you enabled your camera?

2. あなたのお顔が見えません。スクリーンには何も映っていません。

I can't see you. The screen is blank. ※screen is は「スクリーニズ」

> **K's Tips** イギリス英語なら can't は「カーン（ト）」

3. すみません。（ビデオを）オンにします。

I'm sorry. I'll turn it on. ※turn it on は「ターニロン」

4. 映像がついたり消えたりします。

The image is coming in and out. ※in and out は「イナンダウト」

5. 映像がぼやけています。

The image is fuzzy. ※fuzzy は「ファズィー」

6. 接続が悪いようです。カメラ（ビデオ）をオフにして音声だけで参加させてください。

I have a bad connection. Let me turn off my camera (video). I'll be on audio only. ※turn off は「ターノフ」

▶ リハーサル 🎧054

最後に、ダイアログのトラックを使って、マスターすべき表現の直後のポーズで口に出してみましょう。英文を見てもかまいませんが、なるべく学んだことを思い出しながら言ってみましょう。

あと3H
会議前

あと2.5H
自己紹介
意見交換
提案する

あと2H
価格交渉
契約交渉

あと1.5H
闘わせる
保留する

あと1H
軌道修正
終了する

あと0.5H
プレゼン
面接

本番まであと**2**時間 *!!*

「交渉能力がある」とは「ビジネスを行う能力がある」と同意です。交渉にあたって重要なのが、まず自分が何をどうしたいのか、明確な目標を定めておくことです。

ここから30分の学習

【Unit 7】 価格交渉する（価格交渉する、妥協する、確認する、など） **15分**	▶	【Unit 8】 契約交渉する（商社側のフレーズ、メーカー側のフレーズ、など） **15分**

交渉は駆け引きの場ではなく、むしろ、合意に達するための話し合いと考えるとよいと思います。大切なポイントを以下に挙げます。

1 自分の意思・条件を提示する　　2 相手の意思・条件を聞く
3 1と2が折り合わない場合には妥協点を目指す
4 交渉をまとめる
5 交渉がまとまらない場合（決定権がない、調べる時間が必要なども含む）
　 は、相手に丁寧にその旨を伝える

　また、相手に希望を伝える場合には、I would appreciate it if you could ...（…していただけないでしょうか）など、敬意を払う表現をお勧めします。また断る場合はI'm afraid ...（残念ながら…）で、相手の気分を害さないように、丁重に切り出します。

　Web会議で音声トラブルが解決しない場合には、チャットや電話での参加に切り替えることも可能です。必要最低限のツールの使い方にも慣れましょう。

あと3H 会議前

あと2.5H 自己紹介 意見交換 提案する

あと2H 価格交渉 契約交渉

あと1.5H 闘わせる 保留する

あと1H 軌道修正 終了する

あと0.5H プレゼン 面接

Unit 7 価格交渉する 15分

ここから15分の目標

次のフレーズを英語で言えるようになりましょう。

❶ このZoom会議を設定してくださりありがとうございます。

Web会議に効くフレーズ

❷❸ Headset Clear Soundは鮮明な音、耐久性、スマートなデザインを備えていることが自慢です。

❹ 価格を25%下げていただけませんか?

❺ そこで妥協していただけませんか?

❻ 製品を5月25日までに受領できるという確認がほしいのですが。

Situation

商品を売り込むフレーズに注目します。顧客は注文商品の25%の割引を要求しています。それに対し、メーカーの営業担当者は20%割引で譲歩してもらえないかと交渉しています。こうした状況もしっかり把握しましょう。

「そこで妥協していただけませんか？」

音声を再生し、このシーンで行われている会話を聞きましょう。 🎧 055

ナレーター　顧客＝アメリカ人　営業＝イギリス人

顧客：❶ Thank you for **setting up this Zoom meeting.** I also appreciate you sending us the samples of "Headset Clear Sound" and the estimate.

営業：I hope you liked them. ❷ **We're proud** ❸ **that** "Headset Clear Sound" **offers** clear sound, durability, and a stylish design. Another selling point is it's resistant to bacteria.

顧客：We're thinking of ordering 1,000 headsets. We'd like to receive them by May 10.

営業：We have a rush of orders, so our factory is trying to speed up its production. May 10 seems to be impossible, but we can deliver them to you by May 25 at the latest.

顧客：Let me see. ❹ Would it be possible to **lower the price by** 25 percent? Otherwise, we'll have to place the order with another supplier.

営業：We offered you our best price, but as you're a preferred

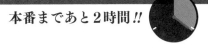

本番まであと2時間!!

customer, well ...

顧客： I can't hear you clearly because there's a lot of noise.

営業： OK. I'll type in the discount percentage in the chat window. We'll offer you 20 percent off. I'm speaking close to the mic. Can you hear me?

顧客： Yes, OK!

営業： ❺ Could you please **compromise on** this?

顧客： Let me see. ❻ I'd like to **confirm that** we can receive the products by May 25.

顧客： ❶このZoom会議を設定してくださり、ありがとうございます。また、Headset Clear Sound のサンプルと御見積のご送付に感謝いたします。

営業： 気に入ってくださればと思います。❷❸Headset Clear Soundは鮮明な音、耐久性、スマートなデザインを備えていることが自慢です。もう一つのセールスポイントは抗菌であることです。

顧客： 弊社は1000台注文することを考えています。5月10日までに受領したいのですが。

営業： 注文が殺到していまして、私共の工場で生産速度を上げるよう努力しております。5月10日は無理なようですが、遅くとも5月25日には納めさせていただけます。

顧客： そうですね。❹価格を25％下げていただけませんか？ それがご無理なら、他の業者から注文せざるをえません。

営業： これが精いっぱいの価格なのですが、御社はお得意様なので、そうですね……。

顧客： 雑音が多くてはっきり聞こえません。

営業： わかりました。チャットボックスに割引率を書き込みますね。20％割引させていただきます。マイクに近づいて話していますが、聞こえますか？

顧客： ええ、大丈夫です！

営業： ❺そこで妥協していただけませんか？

顧客： そうですね。❻製品を5月25日までに受領できるという確認がほしいのですが。

あと3H
会議前

あと2.5H
提案する
意見交換
自己紹介

あと2H
契約交渉
価格交渉

あと1.5H
保留する
闘わせる

あと1H
終了する
軌道修正

あと0.5H
面接
プレゼン

今回マスターすべき表現は、❶〜❻です。ほかの場面でも役立つ表現なので、必ず一度は声に出してリピートしてみましょう。

❶ 会議の設定に御礼を述べる

「Zoom会議を設定する」は、set up a Zoom meetingのほかに、arrange a Zoom meetingでもOKです。

❷ 「We're proud (that)＋主語＋動詞」はプレゼンや売り込みの定番表現

We're proud that this function is unique to our products.（この機能は弊社の商品独自の物だということが自慢です）などの言い方もあります。

❸ 「製品（名）＋offer＋優れている点」を覚えよう

動詞offerには幅広い意味があります。例：Our product offers great performance.（弊社の製品は優れた性能を持っています）

❹ 「lower the price (by)＋〜 percent」は「価格を〜パーセント下げる」

「lower the price to ＋〜（価格）」は「価格を〜まで下げる」を意味するので、間違わないように！

❺ 「Could you compromise on ... ?」で「…で妥協してもらえませんか？」

compromiseの語源は、com「共に」＋promise「約束する」。meet halfwayも「妥協する」を意味します。

❻ 交渉の場ではしっかりconfirm（確認する）

同じ確認でも、make sureの方がカジュアルな表現です。

あと3H 会議前

あと2.5H 自己紹介 意見交換 提案する

あと2H 契約交渉 価格交渉

あと1.5H 闘わせる 保留する

あと1H 軌道修正 終了する

あと0.5H 面接 プレゼン

Repeat ❶〜❻のマスターすべき表現を、ポーズの部分でリピートしましょう。ダイアログの英文を見てもかまいません。 🎧 056

↻ 表現を使い回そう! 🎧 057

マスターすべき表現の一部を使ったフレーズを紹介します。
最初は日本語と英文を見ながら、慣れたら目を離して、ポーズの部分で英語を言いましょう。

❶ **皆さんのスケジュールをチェックし、Zoom会議を設定します。**
I'll check everybody's schedule and **set up a Zoom meeting**.

❷ **弊社の新機種は軽く、コンパクトで、丈夫なことが自慢です。**
We're proud that our new model is light, compact and durable.

❸ **弊社の新製品はデザインとコストパーフォーマンスに優れています。**
Our new model **offers** great design and cost performance.

❹ **ABC商事は価格を30%下げることに同意しました。**
ABC Trading agreed to **lower the price by** 30 percent.

❺ **その価格で妥協していただけませんか?**
Could you **compromise on** the price?

❻ **あなたが契約書の条件を理解されているか、確認させてください。**
I'd like to **confirm that** you understand the terms of the contract.

✒ 応用講座

ここでは価格交渉、確認、妥協、また値引を提示する表現を学びましょう。

①-a 顧客からの価格交渉のフレーズ 🎧058

1. 御社の見積りはABC社の見積りよりもずっと高いです。
Your estimate is much higher than that of ABC Company.

2. ABC社はもっと割安の価格を提示してくれています。
ABC Company is offering a better price.

3. 価格を下げていただくことは可能でしょうか？
Could you give us a lower price?

4. 10%割り引いてくだされば注文いたします。
We'll place an order if you reduce the price by 10 percent.

5. 800ドルになりませんか？
Could you make it $800?

①-b 業者側からの価格交渉のフレーズ 🎧059

1. 当社の価格は競争力があると思います。
I believe our price is very competitive.

2. 申し訳ありませんが、これが弊社が提供させていただける精いっぱいの価格です。

I'm afraid that this is the best price we can offer you.

K's Tips 業者側は competitive price や best price を使うようにしましょう。

これはNG! cheap は「安い」だけでなく、「安物の」を意味しかねないので NG!

3. 1000ユニットのご注文であれば10%値引きできます
If you order 1,000 units, we'll reduce the price by 10 percent.

4. 現金払いであれば値引きが可能です。
If you pay in cash, we can reduce the price.

5. 9月10日までに全額お支払いいただけるなら値引き致します。
We will lower the price if you pay the full amount by September 10.

6. 送料は当社が負担します。
We'll take care of the shipping fees.

②妥協するフレーズ 🎧 060

1. 妥協していただけませんか？
Could you meet us halfway?

2. 私たちは第3の選択肢を見つけなければなりません。
We should find a third alternative.

K's Tips 第3の選択肢は、まだ出てきてないので third につく冠詞は the ではなく a。

あと3H 会議前

あと2.5H 自己紹介 意見交換 提案する

あと2H 契約交渉 価格交渉

あと1.5H 闘わせる 保留する

あと1H 軌道修正 終了する

あと0.5H プレゼン 面接

3. ここまで妥協していただけませんか？
Could you compromise as far as this?

③ 確認するフレーズ　🎧061

1. 合計金額が5000ドルになることを確認したいです。
I'd like to make sure that the total price is ＄5,000.

2. 印税は10％だと確認したいです。
I'd like to confirm that the royalty is 10 percent.

3. 20代の顧客をターゲットにすべきという理解でよろしいですか？
Am I right in understanding that we should target customers in their 20s?

4. 私の理解（が間違っていないか）を確認してもよろしいですか？
Can I confirm my understanding?

④ Web会議に効くフレーズ　🎧062

Web会議の設定に対してお礼を言うことから始める場合もあります。また、相手の声が聞こえづらい場合、あるいは相手に聞こえにくいと言われたときの解決策を英語で言えるようにしておきましょう。

1. このZoom会議を設定してくださって、ありがとうございます。
Thank you for setting up this Zoom meeting.
I appreciate you arranging a meeting over Zoom.

あと3H 会議前

2. 雑音が多くてはっきり聞こえません。
I can't hear you clearly because there's a lot of noise.

3. マイクに近づいて話しますね。
I'll speak close to the mic.

K's Tips mic は microphone のことです。

4. それをチャットボックスに書き込んでもらえますか？
Can you type that in the chat box for me?

5. チャットウィンドウに書き込みます。
I'll type in the chat window.

6. この件は、テキストチャットでスクリーン上で話し合いましょう。
Let's discuss this by text chatting on the screen.

▶ リハーサル 🎧063

最後に、ダイアログのトラックを使って、マスターすべき表現の直後のポーズで口に出してみましょう。英文を見てもかまいませんが、なるべく学んだことを思い出しながら言ってみましょう。

Unit 8 契約交渉する　　15分

ここから15分の目標

次のフレーズを英語で言えるようになりましょう。

❶ このオンライン会議にご参加くださり、ありがとうございます。

　Web会議に効くフレーズ

❷ 当社の広い販売網によって貴社の市場を拡大できると確信しております。

❸ 残念ですが、ご提案はお受けできません。

❹ (御社にも) 正規販売店になっていただければ大変うれしいのですが。

❺ 契約条件について詳しくお話しいただけませんか？

❻ 社長と話し合ってからご連絡いたします。

Situation

商社とスポーツシューズメーカーの契約会議です。
ここでは丁重に断るフレーズと、即答できない場合
に保留するフレーズに注目しましょう。

社外
ビジネスシーン

「残念ですが、ご提案はお受けできません」

音声を再生し、このシーンで行われている会話を聞きましょう。 🎧 **064**

ナレーター　靴メーカー＝アメリカ人　商社社員＝イギリス人

あと3H 会議前

あと2.5H 目己紹介 提案する 意見交換

あと2H 契約交渉 価格交渉

あと1.5H 保留する 闘わせる

あと1H 終了する 軌道修正

あと0.5H 面接 プレゼン

靴メーカー：　❶ Thank you very much for **joining** this online meeting. My name is David Chen. I'm the sales manager at Ace Shoes.

商社：　I'm Masao Higuchi, vice president of ABC Trading. As you know, we imported 1,000 Fashionable Healthy Running Shoes from your company, and they sold out in three weeks. We'd like to become your exclusive distributor. ❷ I believe we'll be able to **expand** your market through our wide sales channels.

メ：　I appreciate you offering to act as an exclusive distributor. I can see that you are a first-rate company from the results of our market research study and your annual report for 2019. However, ❸ **I'm afraid** we're unable to accept your offer because we already have two approved dealers. ❹ **We'd really appreciate it if you could** become an approved dealer.

商：　　❺Could you tell me about the contract **terms** in detail? ❻I'll **get back to you** after discussing it with our company president.

メ：❶このオンライン会議にご参加くださり、ありがとうございます。デービッド・チェンです。Ace シューズの営業部長です。

商：ABC商社の副社長の樋口正雄です。ご存じのように、私共は御社よりFashionable Healthy Running Shoes を1000足輸入し、3週間で完売いたしました。御社の独占販売代理店になりたいと思うのですが。❷当社の広い販売網によって貴社の市場を拡大できると確信しております。

メ：独占販売代理店のお申し出、ありがとうございます。御社のマーケットリサーチと2019年次報告書から、一流企業でいらっしゃると存じております。しかしながら当社はすでに日本に正規の販売業者が2社ありますので、❸残念ですが、ご提案はお受けできません。❹(御社にも)正規販売店になっていただければ大変うれしいのですが。

商：❺契約条件について詳しくお話しいただけませんか？　❻社長と話し合ってからご連絡いたします。.

この Unit でマスターすべき表現は❶〜❻です。声に出してリピートしてみましょう。

❶ join は「積極的に参加する」

join は集団、チーム、グループに加わって積極的に一緒に何かをしようとするイメージです。participate in も同じ意味を持ちますが、attend は単に「出席する」という意味です。

❷ expand a market は、「外へパーンと」市場を広げる。

expand の語源は「ex-(外へ) + pand(広がる)」。「外へパーンと」広げる、と覚えましょう。

❸「I'm afraid ＋主語＋動詞」で丁寧に

悪い知らせや反対意見を述べる場合には、I'm afraid ...、またはI'm sorry,

but ...と始めることで丁寧な表現になります。

❹ We'd appreciate it if you could ...は「…してくだされば大変うれしく思います」

依頼する場合の、最大級の丁寧表現です。

❺「条件」を意味するtermsは、契約交渉における最重要表現

「条件」は、一つではなく複数あるのでtermsと複数になります。なおtermは「期間」という意味もあります。terminationは「解約・終了・解雇」です。

❻ get back to youは「返事をする、折り返し連絡する」の定番表現

カジュアルでもフォーマルでもいずれの場面でも使えます。留守番電話の録音メッセージでもget back to youをよく聞きます。

 Repeat ❶〜❻のマスターすべき表現を、ポーズの部分でリピートしましょう。ダイアログの英文を見てもかまいません。 🎧 065

あと3H 会議前

あと2.5H 意見交換 提案する 自己紹介

あと2H 価格交渉 契約交渉

あと1.5H 闘わせる 保留する

あと1H 軌道修正 終了する

あと0.5H プレゼン 面接

⟳ 表現を使い回そう!

マスターすべき表現の一部を使ったフレーズを紹介します。最初は日本語と英文を見ながら、慣れたら目を離して、ポーズの部分で英語を言いましょう。

❶ **インド工場のガバスカール氏を歓迎しましょう。**
Please **join** me in welcoming Mr. Gavaskar from the factory in India.

❷ **ベトナムで販路を拡大することを計画しています。**
We plan to **expand** our sales channels in Vietnam.

❸ **残念ながら、あなたは私の質問を理解していないと思います。**
I'm afraid you don't understand my question.

❹ **独占販売代理店になってくだされば大変うれしく思います。**
We'd really appreciate it if you could become our exclusive distributor.

❺ **私たちはもっと条件の良い契約が必要です。**
We need a contract with better **terms.**

❻ **調べて後ほど連絡させていただきます。**
I'll check on it and **get back to you** later.

K's Tips	すぐに連絡できるなら later ですが、時間がかかるようなら by ... (…までには) と期日を入れましょう。

これはNG!	他社に対しては I'll let you know ... (…をお知らせします) はカジュアル過ぎます。

応用講座 🎧067

ここでは商社とメーカーのそれぞれの契約の際に使えるフレーズ、また業績についてのフレーズなどを学びましょう。

①代理店・販売店契約を希望する商社側のフレーズ

1. 日本での御社の独占販売代理店になる件についてお話しさせていただきたいです。
I'd like to talk about becoming your exclusive distributor in Japan.

2. 弊社の会社概要の12ページをご覧ください。
Please look at Page 12 in our company brochure.

3. 弊社は全国的な販売網を持ち、大手百貨店にも出店しております。
We have a nationwide sales network and shops in the major department stores.

4. すでに御社の商品のマーケットリサーチをしてあります。
We've already conducted market research on your products.

5. 市場調査の結果をご覧ください。
Please look at the results of the market research survey.

6. 私共は、御社の新製品は日本で大きな市場があると確信しています。
We believe that there's a big market in Japan for your new product.

あと3H 会議前
あと2.5H 自己紹介 意見交換 提案する
あと2H 契約交渉 価格交渉
あと1.5H 闘わせる 保留する
あと1H 軌道修正 終了する
あと0.5H 面接 プレゼン

②代理店・販売店を探しているメーカー側の表現 🎧068

1. 当社は日本での市場拡大を計画しています。
We're planning to expand our market in Japan.

2. 正味販売額に対して8%の手数料を提供します。
We'll offer you an 8 percent commission on net sales.

3. 年間最低購入額がございます。
There's an annual minimum purchase amount.

③業績に関するフレーズ 🎧069

1. 昨年度の会計年度の利益を見せてくださいませんか？
Could you show me the profits for the last fiscal year?

2. 昨年度の業績書を提出してくださいませんか？
Could you submit the sales performance statement for the last year?

3. これが業績書です。
Here's the sales performance statement.

④断るフレーズ 🎧070

1. 残念ながら、このお申し出はお断りしなければなりません。
We are sorry to have to turn down this proposal.

> **K's Tips** 断る場合に、must は意味が強すぎて相手に失礼に
> なることがあるので、have to 〜を使いましょう。

2. 貴社のご提案をお断りせざるを得ず、申し訳ございません。

We regret that we have to decline your offer.

3. 残念ながら、貴社のご提案をお断りせねばなりません。

Unfortunately, we have to decline your offer.

4. 申し訳ございませんが、このデータの公開は許可されていません。

I'm sorry, but I'm not allowed to disclose the data.

⑤即答できない場合のフレーズ　🎧071

自分に決定権がない、あるいは調べる時間が必要、などの理由で、即答できない場合もあります。

1. 私には決定を下す権限がありません。

I don't have the authority to make a decision.

2. そのことに関して今のところ意見が言える立場にありません。

I'm not in a position to comment on that at the moment.

3. この件に関しては、弊社の弁護士に相談する必要があります。

I need to consult with our lawyer about this.

4. この案件については慎重に調査する必要があります。

I need to research this matter carefully.

あと3H 会議前

あと2.5H 自己紹介 意見交換 提案する

あと2H 契約交渉 価格交渉

あと1.5H 闘わせる 保留する

あと1H 軌道修正 終了する

あと0.5H プレゼン 面接

5. この件に関しては一晩考えて結論を出したいのですが。
I'd like to sleep on this.

6. 詳細は5月10日までにご連絡させていただきます。
I'll contact you with the details by May 10.

⑥ Web会議に効くフレーズ　🎧072

ここでは、会議主催者から参加者へのお礼や冒頭の呼び掛けを学びましょう。

1. このオンライン会議にご参加くださり、ありがとうございます。
Thank you very much for joining this online meeting.

2. わが社のバーチャル会議にご参加くださり、ありがとうございます。
Thank you for attending our virtual conference.

3. こんにちは、皆さん。本日はわが社のワークショップにご参加ありがとうございます。
Hello, everyone. Thank you for joining our workshop today.

▶️ リハーサル　🎧073

最後に、ダイアログのトラックを使って、マスターすべき表現の直後のポーズで口に出してみましょう。英文を見てもかまいませんが、なるべく学んだことを思い出しながら言ってみましょう。

本番まであと **1** 時間半 *!!*

ここまでは、交渉のためのフレーズを学んできました。ここからはさらに内容を掘り下げた応用編になります。頑張りましょう！

ここから30分の学習

【Unit 9】
意見を闘わせる（強調する、意見を変更する、進捗状況を確認する、など）
15分

▶

【Unit 10】
意見を保留する（賛成でも反対でもない、話に割り込む、など）
15分

言葉の持つ微妙なニュアンスの違いや、切り出すタイミングに注意しましょう。
重要な点を伝える時は、The point is that ...、また話に割り込む時は、Excuse me, can I interrupt ...（すみません、割り込んでよろしいでしょうか）と、丁寧に切り出しましょう。

　また、「今まだ考え中」という場合はI'm still making up my mind. が便利です。ただし、文末に必ずat the moment、またはat this point（今のところ、まだ）を入れましょう。

英語では沈黙は好まれません。意見がまとまっていない場合でも、間を埋めるフレーズのLet me see ...などを積極的に使いましょう。

あと3H 会議前
あと2.5H 自己紹介 意見交換 提案する
あと2H 価格交渉 契約交渉
あと1.5H 闘わせる 保留する
あと1H 軌道修正 終了する
あと0.5H プレゼン 面接

Unit 9 意見を闘わせる 15分

ここから15分の目標

次のフレーズを英語で言えるようになりましょう。

❶ オフィスが少々うるさいのでミュートにしていました。

> **Web会議に効くフレーズ**

❷ 競合他社がすでに販売しているので私は反対です。

❸ 私が言いたいのは競合会社より優れた新商品を開発すべきだということです。

❹ 重要な点は完全に抗菌でなければならないことです。

❺ あなたの考えを聞いて意見を変えました。

Situation

ここで聞くのは抗菌性のスマホケースの開発についての会議です。競合他社がすでに発売しているため、賛否両論があるようです。また、応用講座では強調する・意見を変更する・そして進捗状況を確認する表現を学びます。

本番まであと**1時間半!!**

「重要な点は完全に抗菌でなければならないことです」

音声を再生し、このシーンで行われている会話を聞きましょう。 🎧 **074**

ナレーター　進行役＝アメリカ人男　参加者1＝インド人　参加者2＝アメリカ人女

進行役： We're here to discuss whether we should produce the new product, the "Super antibacterial smartphone case."

参加者1： [——I'm against that.]

進行： Mr. Green, I think your mic is turned off.

参1： I'm really sorry. ❶ **I was on mute** because our office is a bit noisy. ❷ **I'm against** that because our competitors have already launched one. We should've been the first to the marketplace.

参加者2： ❸ **What I'd like to say** is we should develop a new one which is superior to our competitors. ❹ The point is that it should be completely **resistant to** bacteria, water, dust, and should be shock-resistant.

参1： ❺ **After having heard your ideas,** I've changed my opinion. We should develop a completely new antibacterial smartphone case.

あと3H
会議前

あと2.5H
自己紹介
意見交換
提案する

あと2H
価格交渉
契約交渉

あと1.5H
闘わせる
保留する

あと1H
軌道修正
終了する

あと0.5H
プレゼン
面接

091

進行： 本日は新製品、「超抗菌スマホケース」を生産すべきかどうかを話し合うためにお集まりいただいております。

参1： [……私は反対です。]

進行： グリーンさん、マイクが入っていないようです。

参1： 申し訳ありません。❶オフィスが少々うるさいのでミュートにしていました。❷私はその案に反対ですが、それは、競合他社がすでに販売しているからです。私たちは市場に一番乗りするべきだったのです。

参2： ❸私が言いたいのは競合会社よりも優れた製品を開発すべきだということです。❹重要な点は、完全に抗菌性、防水性、防塵性、そして耐衝撃性を備えていなければならないことです。

参1： ❺あなたの考えを聞いて意見を変えました。私たちは全く新しい、抗菌スマホケースを開発すべきですね。

今回マスターすべきは❶～❺の表現です。必ず一度は声に出してリピートしてみましょう。

❶ be on mute は「ミュートにしている」

この mute は名詞で「消音設定」。他に「消音する」(動詞)や「無口の」(形容詞)の意味もあります。

❷ be against は「反対する」

「反対です」、と言った後に、「なぜなら～」と理由をつけて話せるようにしましょう。「賛成する」は be for です。

❸ What I'd like to say is ... は「私が言いたいのは…です」

この次のセンテンスに出てくる The point is(重要なのは)～に言い換えることもできます。

❹ be resistant to ... は「…に抵抗力がある」

resistant は water-resistant watch(防水性の腕時計)、shock-resistant iPhone case(衝撃に強いiPhoneケース)といった形でも使えます。

❺ After having heard your ideasは「あなたの意見を聞いて」

その他にも、On second thoughts（考え直して）も使えるようになりましょう。

K's Tips この second の前に the は不要です。

 ❶～❺のマスターすべき表現を、ポーズの部分でリピートしましょう。 🎧 **075**
ダイアログの英文を見てもかまいません。

◯ 表現を使い回そう！ 🎧076

マスターすべき表現の一部を使ったフレーズを紹介します。最初は日本語と英文を見ながら、慣れたら目を離して、ポーズの部分で英語を言いましょう。

❶ オフィスにいるのでミュートにしていました。

I **was on mute** because I'm in our office.

❷ 私は海外へのアウトソーシングに反対です。

I'm against offshore outsourcing.

❸ 私が言いたいのは予算が限られているということです。

What I'd like to say is that our budget is limited.

❹ セールスポイントはこの布は水に強いことです。

The selling point is that this cloth is **resistant to** water.

K's Tips ▸ The selling point is ...（セールスポイントは…）も重要！

❺ あなたの考えを聞いて、私はその計画に反対することにしました。

After having heard your ideas, I've decided I'm against the plan.

応 用 講 座

ここでは強調するフレーズ、意見を変更するフレーズ、また進捗状況を確認するフレーズを学びます。

①強調するフレーズ　　　　　　　　　🎧077

1. 重要な点はフォーカスグループの意見に耳を傾けるべきだということです。

The key point is that we should listen to the opinions of the focus group.

2. 強調したいのは不良品ゼロを達成すべきだということです。

What I'd like to emphasize is that we should achieve zero defects.

3. われわれは家具展示会に参加すべきだと確信しています。

I'm convinced that we should participate in the Furniture Trade Show.

②意見を変更するフレーズ　　　　　　🎧078

1. 今日の会議で聞いたことを検討し、意見を変えました。

After reviewing what I heard in today's meeting, I've changed my opinion.

2. 聞いたことを検討して、意見が変わりました。

After reviewing what I heard, I've changed my mind.

あと3H 会議前

あと2.5H 自己紹介 意見交換 提案する

あと2H 価格交渉 契約交渉

あと1.5H 闘わせる 保留する

あと1H 軌道修正 終了する

あと0.5H プレゼン 面接

③進捗状況を確認するフレーズ　🎧079

1. 現在の進捗状況を教えてください。

Please inform us about the current progress.

2. プロジェクトの進捗はいかがですか？

How is the project coming along?

| K's Tips ▶ | coming along の代わりに progressing でも OK です。 |

3. 全ては計画通りに順調に進んでおります。

Everything is going smoothly, as planned.

4. スケジュール通りにプロジェクトが進んでいます。

We're making progress with the project on schedule.

5. 予定より1週間早めに進んでいます。

We're one week ahead of schedule.

6. 技術的な問題が生じたため1週間遅れています。

We are one week behind schedule due to technical problems.

④Web会議に効くフレーズ　🎧080

マイクのオンオフとミュートに関連するフレーズをご紹介します。

1. グリーンさん、マイクが入っていないようです。

Mr. Green, I think your mic is turned off.

2. **本当にすみません。マイクが切れていました。**
   I'm really sorry, my mic was turned off.

3. **たぶん、ミュートになっていますよ。**
   Maybe your mute is on.

4. **オフィスが少々うるさかったのでミュートにしていました。**
   I was on mute because our office is a bit noisy.

あと3H
会議前

あと2.5H
自己紹介
提案する 意見交換

あと2H
価格交渉
契約交渉

あと1.5H
闘わせる
保留する

あと1H
軌道修正
終了する

あと0.5H
面接 プレゼン

▶ **リハーサル**　　　　　🎧081

最後に、ダイアログのトラックを使って、**マスターすべき表現**の直後のポーズで口に出してみましょう。英文を見てもかまいませんが、なるべく学んだことを思い出しながら言ってみましょう。

意見を保留する 15分

ここから15分の目標

次のフレーズを英語で言えるようになりましょう。

❶ 私はベトナムに進出するアイデアに賛成です。

❷ 今まだ考え中です。

❸ マイクのボリュームを上げていただけませんか。

Web会議に効くフレーズ

❹ 私は賛成でも反対でもありません。

❺ すみません、少し割り込んでよろしいでしょうか？

Situation

このUnitでは、意見保留・賛成でも反対でもない・話に割り込む・最後まで話をさせてほしいという表現を学びます。ダイアログでは、ベトナムに店舗を展開する案について賛同している人と意見を決めかねている人がいます。誰かの発言を遮って意見を述べるフレーズにも注目しましょう。

社 内

ビジネスシーン

「私は賛成でも反対でもありません」

音声を再生し、このシーンで行われている会話を聞きましょう。  082

ナレーター　進行役＝イギリス人　参加者 1 ＝インド人　参加者 2 ＝アメリカ人
　　　　　参加者 3 ＝台湾人

進行役： The purpose of this meeting is to discuss whether we should open a store in Hanoi. Can everyone mute your lines when you're not speaking?

全員： Yes.

参加者1： ❶ **I support the idea of** expanding into Vietnam because the average age of Vietnamese people is about 28. I also feel the Vietnamese are pro-Japanese. They also like Japanese brands.

参加者2： I'm for the idea because the domestic market is slowing due to the declining birth rate and aging society. Japan is a trendsetter in Asia.

進行： I haven't heard your ideas, yet, Ms. Chon.

参加者3： ❷ I'm still **making up my mind** at this point.

進行： Your voice is too low. ❸ Could you please **turn up the volume** on the mic?

あと3H 会議前

あと2.5H 自己紹介 意見交換 提案する

あと2H 価格交渉 契約交渉

あと1.5H 闘わせる 保留する

あと1H 軌道修正 終了する

あと0.5H プレゼン 面接

参3： OK. ❹ I'm **neither** for **nor** against it. Hanoi seems to be a good market; however, XYZ Convenience Store withdrew from Hanoi. Let me see ...

参2： ❺ Excuse me, can I **interrupt** you for a second? We're a retail company which deals in a wider range of products than XYZ Convenience Store.

進行： この会議の目的はハノイに店を出すべきか否かを話し合うことです。皆さん、発言中以外はミュートにしてくれますか？

全員： はい。

参1： ❶私はベトナムに進出するアイデアに賛成で、ベトナムの平均年齢は約28歳であることが理由です。また、ベトナム人は親日派だと感じています。それにベトナム人は日本のブランドが好きなのです。

参2： 私も賛成です、国内市場は少子化と高齢化のために伸び悩んでいますから。日本はアジアのトレンド仕掛人です。

進行： まだあなたの意見を聞いていませんね、チョンさん。

参3： ❷今まだ考え中です。

進行： お声が小さ過ぎますね。❸マイクのボリュームを上げていただけませんか？

参3： わかりました。❹私は賛成でも反対でもありません。ハノイは良い市場のようにも思われますが、XYZコンビニエンスストアはハノイから撤退しましたし。そうですねえ……。

参2： ❺すみません、少し割り込んでよろしいでしょうか？　弊社はXYZコンビニエンスストアよりも幅広い商品を取り扱う小売業者ですよ。

それでは、このUnitでマスターすべき表現について解説しましょう。必ず一度は声に出してリピートしましょう。

❶ support the idea of ... は「…という考えに賛成です」

supportは、相手の決断や考えに賛成しているだけでなく、積極的に後押しすることを意味します。

❷ make up one's mindは「決める」

「まだ考えている最中です」と言いたい場合には、makingを使い、文末にはat the momentかat this pointが必要です。そうしないと考えてないように聞こえるからです。否定文で「まだ決めていません」という場合は、yetが必要です。

❸ turn up the volumeは「音量を上げる」

turn upには「(人が)現れる・上向きになる」などの意味もあります。「音量を下げる」はturn downです。

❹ neither A nor Bは「AでもBでもない」

ダイアログの中では、賛成(for)でも反対(against)でもない、と言っています。なおeither A or Bは「AかBである」を意味します。

❺ interruptは「話に割り込む」

ダイアログのように、Excuse me, (すみませんが)と前置きする方が礼儀正しく聞こえます。Excuse me for interrupting (you).とも言います。なお、interruptのinter-は「〜の間」、- ruptは「破壊する」を意味します。

❶〜❺のマスターすべき表現を、ポーズの部分でリピートしましょう。ダイアログの英文を見てもかまいません。　🎧083

あと3H
会議前

あと2.5H
自己紹介
意見交換
提案する

あと2H
価格交渉
契約交渉

あと1.5H
闘わせる
保留する

あと1H
軌道修正
終了する

あと0.5H
プレゼン
面接

マスターすべき表現の一部を使ったフレーズを紹介します。最初は日本語と英文を
見ながら、慣れたら目を離して、ポーズの部分で英語を言いましょう。

❶ ハノイに支店を開設する考えに賛成です。

I **support the idea of** opening a branch office in Hanoi.

❷ まだ決めていません。少し時間をください。

I haven't **made up my mind** yet. Please give me some time.

❸ ニュースを聞きたいのでラジオのボリュームを上げてもいいですか？

May I **turn up the volume** on the radio, because I want to
hear the news?

❹ ここの天候は暑くも寒くもありません。

The weather here is **neither** hot **nor** cold.

❺ 割り込んで申し訳ありませんが、忘れる前に一つお伝えしたいのです。

Excuse me for **interrupting**, but I would like to say this
before I forget.

応 用 講 座　　　　🎧085

意見を保留する、賛成でも反対でもない、また、話に割り込む場合のフレーズ
を学びましょう。

①意見を保留するフレーズ

1. まだ考えがまとまっていません。
　I haven't formed an opinion yet.

2. 今のところ考えがまとまりません。
　I have no idea at the moment.

3. 今のところ良い案が思い浮かびません。
　I haven't come up with a good idea so far.

②賛成でも反対でもない場合のフレーズ　🎧086

1. 賛成でも反対でもありません。
　I'm fifty-fifty on that one.
　I half agree, half disagree.

2. どちらとも言えません。
　Yes and no.

3. 私はこの件に関して、今はどちらとも強く言えません。
　I don't feel strongly either way about this topic at the
　moment.

あと3H
会議前

あと2.5H
自己紹介
意見交換
提案する

あと2H
価格交渉
契約交渉

あと1.5H
闘わせる
保留する

あと1H
軌道修正
終了する

あと0.5H
プレゼン
面接

③話に割り込むフレーズ

1. 口をはさんで申し訳ありません。
Sorry to interrupt you.

> **K's Tips** ▶ 雑談にも使える超簡単フレーズです。

2. 会話に割り込んでもよろしいですか？
May I jump in on the conversation?

3. ちょっとお話を止めていただいてもよろしいですか？
Can I stop you for a minute?

4. すみませんが、それについて一言わせてください。
Sorry, but let me say one thing about that.

④Web会議に効くフレーズ

🎧088

Web会議では進行役が率先して、音の聞こえ方について配慮しなくてはいけません。

1. 皆さん、発言中以外はミュートにしてくれますか？
Can everyone mute your lines when you're not speaking?

2. マイクのボリュームを上げてもらえますか？
Could you please turn up the volume on the mic?

アメリカ英語とイギリス英語の発音の違い

本書のダイアログでは、アメリカ人とイギリス人ナレーターが登場します。以下に米発音と英発音、それぞれの大きな発音の違いを何点か挙げておきます。

① ca の綴りは、アメリカ英語では「キャ」、イギリス英語では「カ」になる

castle →米発音「キャッスゥ」　英発音「カースゥ」

forecast →米発音「フォーア(r)キャスト」　英発音「フォーカスト」

can't →米発音「キャント」　英発音「カーント」

② du が米発音は [du:]「デュ」、英発音では [dju:]「ジュ」になる

reduce →米発音「リデュース」　英発音「リジュース」

introduce →米発音「イントロデュース」　英発音「イントロジュース」

schedule →米発音「スケデューゥ」　英発音「シェジューゥ」

③ カタカナ発音に近いアメリカ英語と日本人には聞きなれないイギリス英語

college →米発音「カレッジ」　英発音「コレッジ」

privacy →米発音「プライヴァスイー」　英発音「プリヴスイ」

vase →米発音「ヴェイス」　英発音 vase「ヴァース」

▶ リハーサル
🎧089

最後に、ダイアログのトラックを使って、マスターすべき表現の直後のポーズで口に出してみましょう。英文を見てもかまいませんが、なるべく学んだことを思い出しながら言ってみましょう。

本番まであと **1**時間 *!!*

Web会議に必要なさまざまな表現を学んできました。ここでは単に意見を交換するに留まらない、その先の話法や会議の終了のフレーズを学びましょう。

ここから30分の学習

| 【Unit 11】
軌道修正・補足する（提案する、脱線を戻す、誤解や誤りを正す、発言の許可を得る、割り込みを注意する、など）
15分 | ▶ | 【Unit 12】
会議を終了する（会議時間が残り少ない、退室する、採決する、内容の確認と結論、など）
15分 |

ここでは、会議で言い間違えた場合の対処方法を主に学びます。終了時間が迫ってくると、あわてて誤解が生じることを言ってしまったり、脱線してしまったり、間違った情報を伝えてしまうこともあるかもしれません。こうした発言内容を訂正したり、撤回する、また、会議をうまくまとめて終わらせるために必要なフレーズを身につけましょう。

あと3H　会議前

あと2.5H　自己紹介　役員交換　提案する

あと2H　価格交渉　契約交渉

あと1.5H　闘わせる　保留する

あと1H　軌道修正　終了する

あと0.5H　プレゼン　面接

Unit 11 軌道修正・補足する

15分

ここから15分の目標

　　次のフレーズを英語で言えるようになりましょう。

❶ 少しお待ちいただけますか？　　**Web会議に効くフレーズ**

❷ 私は関連会社や施設と提携することを提案します。

❸ 話題を変えないようにしましょう。

❹ 的外れでした。

❺ 一つ補足させてください。

Situation

ここでは高齢者向け商品をヒットさせる方法を話し合っています。途中で犬の鳴き声が聞こえたり、脱線する発言があったりと、少々混乱気味のようです。

社内 ビジネスシーン

「私は関連会社や施設と提携することを 提案します」

音声を再生し、このシーンで行われている会話を聞きましょう。 🎧090

ナレーター　進行役＝アメリカ人　参加者1＝イギリス人　参加者2＝台湾人

進行役：　Let's move on to the second item. In addition to advertising, what do you think we should do to make our new product "Friendly Diaper for Seniors", a hit product?

参加者1：　I recommend ... ("Woof, woof, woof")

進行：　Sorry to stop you for a second. Whose dog is barking?

参1：　I'm really sorry. I'll take my dog to another room. ❶**Could you** hold on a second? I'll be right back.

——After a few seconds——

参1：　May I continue? ❷**I recommend** that we should tie up with related companies and institutions. If they are used in hospitals and nursing homes and recommended by doctors and nurses, they'll sell well. It's important that we expand into elder care.

参加者2：　My grandparents don't need diapers, even though they're over 90 years old.

進行： That's great. However, that's off the track. ❸Let's **stay on topic.**

参2： That's true. ❹That **was off the point.**

進行： ❺**Let me add** one thing. Japanese diapers for babies are very popular in China. The same thing will probably be true about diapers for the elderly.

進行：2つ目の議題に進みましょう。宣伝の他に、弊社の新製品の"高齢者向けFriendly Diaper"をヒット商品にするにはどうすればよいでしょうか？

参1：私が勧めるのは…キャンキャン

進行：すみませんが、ちょっと中断させてください。誰の犬が吠えているのですか？

参1：本当にすみません。犬を別の部屋に連れて行きます。❶少しお待ちいただけますか？　すぐに戻ります。

──数秒後──

参1：話を続けてよろしいでしょうか？　❷私は関連会社や施設と提携することを提案します。病院や高齢者施設で使ってもらって医師や看護師に推薦されたら、とてもよく売れるでしょう。高齢者介護の分野に進出することが重要です。

参2：私の祖父母は90歳を超えていますが、おむつは必要ありません。

進行：それは素晴らしいですね。ですが、話が脱線しています。❸話題を変えないようにしましょう。

参2：そうですね。❹的外れでした。

進行：❺一つ補足させてください。日本製の乳児用おむつは中国で人気があります。同じことが高齢者向けのおむつにも、たぶんあてはまると思います

今回マスターすべき表現は、❶〜❺の表現です。必ず一度は声に出してリピートしてみましょう。

❶ Could you hold on a second? は「少しお待ちください」

a moment/second/minute は「少しの間」です。hold は「抑える、保つ」の意味。hold the line と言えば「電話を切らずに待つ」を意味します。なお、Could you ...? は依頼する場合の万能表現です。

❷ 経験や知識に基づき「提案する」recommend

propose は recommend よりフォーマル度が高い単語です。suggest は、一般常識を基にした提案を、Why don't you/we ...? や How about ...ing? は、その場で考えついた提案を表すことが多いです。

❸ stay on topic は「話題を変えない」

「話題から逸れる」は be off the track です。track は「軌道」の意味で、文字通り「脱線している」状態です。また、topic を使って、Let's get back to the topic.(元の話題に戻りましょう)ということもできます。

❹ be off the point は「的外れな」

❸にあるとおり、be off the track も同じ意味を持ちます。

❺ Let me add ... は使い勝手の良い万能表現

Let me add ... の後には、more information や a few words を加えて使います。

 ❶〜❺のマスターすべき表現を、ポーズの部分でリピートしましょう。ダイアログの英文を見てもかまいません。　🎧091

表現を使い回そう！

🎧092

マスターすべき表現の一部を使ったフレーズを紹介します。最初は日本語と英文を見ながら、慣れたら目を離して、ポーズの部分で英語を言いましょう。

❶ お願いを聞いていただけませんか？

Could you do me a favor?

❷ 御社がその市場に進出するためには、自社ブランドを開発することを提案します。

I recommend you develop your own brand to tap into the market.

❸ 今日は十分な時間がないので、話を脱線させないことが大切です。

We don't have much time today, so it's important to **stay on topic**.

❹ 失礼ですが、あなたのご発言は見当違いです。

Sorry, but your remark **was off the point**.

❺ 情報をもっと付け加えさせてください。

Let me add more information.

あと3H 会議前

あと2.5H 提案する 自己紹介・意見交換

あと2H 契約交渉 価格交渉

あと1.5H 保留する 闘わせる

あと1H 終了する 軌道修正

あと0.5H 面接 プレゼン

ここでは提案のフレーズ、脱線を戻すフレーズ、誤解や誤りを正す、発言の許可を得る割り込みに対して注意するフレーズを学びましょう。

①提案するフレーズ 🎧093

1. お試し期間を設けることを提案します。

I suggest having a trial period.

2. 賞品はうちの商品ギフトがいいと思います。

I recommend the prizes should be our gift certificates.

3. もっと顧客を引き付けるために、ウェブサイトの売れ筋ランキングを更新しましょう。

I propose we should update the strong seller rankings on our website to attract more customers.

②脱線した話を戻すフレーズ　🎧094

1. あなたがおっしゃったことは（本題から）脱線しています。
What you said is off the track.

2. あなたの発言は主題からそれています。
Your remarks are straying from the topic.

③誤解や誤りを正すフレーズ　🎧095

1. 誤解があるようです。その点を明確にさせてください。
There seems to be a misunderstanding. Let me clarify that.

2. 話を整理させてください。
Let me set things straight.

3. 言い直させてください。
Allow me to rephrase that.

4. 二言三言つけ加えさせてください。
Let me add a few words.

5. 申し訳ありませんが、間違った数字をお伝えしたようです。
I'm sorry, but I gave you an incorrect figure.

6. 私の見落としでした。訂正します。
That was my oversight. I'll correct it.

あと3H 会議前
あと2.5H 自己紹介 意見交換する
あと2H 価格交渉 契約交渉
あと1.5H 問わせる 保留する
あと1H 軌道修正 終了する
あと0.5H プレゼン 面接

④発言を続ける許可を得るフレーズ

1. 続けてもよろしいですか？

May I continue?

> **K's Tips** ▶ 一番シンプルな表現です

2. 最後まで話をさせてください。

Allow me to finish talking.

> **K's Tips** ▶ フォーマルな場所では、Let me よりもこの Allow me to ... を使いましょう。

3. 話を続けさせてください。

Allow me to continue talking.

⑤割り込みを注意するフレーズ（進行役の表現） 🎧097

1. あなたのご発言はいつも貴重ですが、今はグリーン氏の発言する番です。

Your opinions are always valuable, but it's Mr. Green's turn to speak.

2. これは勝ち負けを決める場ではありません。落ち着いて解決策を考えましょう。

This isn't a win-or-lose situation; please stay calm and think of a solution.

⑥ Web会議に効くフレーズ 🎧098

Web会議では周りの雑音や窓外の騒音をマイクが拾ってしまい、そのことに気づかない場合もあるでしょう。例を挙げます。

進行役：It's noisy. Where is that noise coming from?

参加者：I'm sorry. There's construction going on near my house. I'll close the window. **Hold on a second.**

進行役：うるさいですね。この騒音はどこから来ているのでしょうか？

参加者：ごめんなさい。うちの近くで工事をやってまして。窓を閉めます。**ちょっとお待ちください。**

あと3H
会議前

あと2.5H
自己紹介
意見交換
提案する

あと2H
価格交渉
契約交渉

あと1.5H
闘わせる
保留する

あと1H
軌道修正
終了する

あと0.5H
プレゼン
面接

▶ リハーサル 🎧099

最後に、ダイアログのトラックを使って、**マスターすべき表現の直後のポーズ**で口に出してみましょう。英文を見てもかまいませんが、なるべく学んだことを思い出しながら言ってみましょう。

会議を終了する 15分

ここから15分の目標

次のフレーズを英語で言えるようになりましょう。

❶ チャットボックスでそのページのURLを送ります。

   Web会議に効くフレーズ

❷ いったんZoom会議から抜けて、5分間休憩したらまた戻りましょう。

   Web会議に効くフレーズ

❸ 提案は全員一致の合意を得ました。

❹ 今日の会議の要点を再確認します。

❺ この会議の決定は、販売を促進するために高齢者施設と病院と提携するということです。

Situation

Unit 11からの続きで、会議を終えるフレーズを学びましょう。ここでは、参加者の一人が日本のおむつが中国市場では非常に人気があることを述べています。それを基に、高齢者施設と提携することを決定し、会議は終了します。

「今日の会議の要点を再確認します」

音声を再生し、このシーンで行われている会話を聞きましょう。 🎧100

ナレーター　参加者2＝台湾人　進行役＝アメリカ人　参加者1＝イギリス人

参加者2: Japanese diapers have been highly praised in a Chinese online news site. ❶I'll **send the URL of the page** in the chat box.

進行役: Thank you. We're running out of time. ❷Let's **leave the Zoom meeting** and come back again after taking a five-minute break.

——After 5 minutes——

進行: Let's take a vote. If you're in favor of the proposal, raise your hand. Thank you. ❸The proposal received **unanimous** approval. ❹Let me **recapitulate** today's meeting. ❺**The decision of this meeting is** that we should tie up with nursing homes and hospitals to promote sales. Hiroshi, you're in charge of Japan. Chon, you're in charge of Beijing and Shanghai. Will you be able to make a list by July 10?

参加者1: Yes, no problem.

あと3H 会議前

あと2.5H 自己紹介 提案する 意見交換

あと2H 価格交渉 契約交渉

あと1.5H 間わせる 保留する

あと1H 終了する 軌道修正

あと0.5H 面接 プレゼン

参2: Me, too.

進行: The next meeting will be from 10:30 on July 15. Will that be OK with you?

参2: I'll be in Singapore on business on that day.

進行: OK. As for the next meeting, I'll check Google calendar and let you know.

参2：日本製のおむつは中国のオンラインのニュースサイトで称賛されています。❶チャットボックスでそのページのURLを送ります。

進行：ありがとうございます。時間がなくなってきています。❷いったんZoom会議から抜けて、5分間休憩したらまた戻りましょう。

――5分後――

進行：多数決をとります。提案に賛成の方は挙手してください。ありがとうございます。❸提案は全員一致の合意を得ました。❹今日の会議の要点を再確認します。❺この会議の決定は、販売を促進するために高齢者施設と病院と提携するということです。弘、あなたは日本の担当ですね。チョンさんは北京と上海の担当です。お二人は7月10日までにリストを作れますか？

参1：ええ、問題ありません。

参2：私もです。

進行：次回の会議は7月15日の10時30分からです。あなた方は出席できますか？

参2：その日はシンガポールに出張しています。

進行：わかりました。次の会議については、グーグルカレンダーをチェックしてお知らせします。

今回マスターすべき表現は、**❶**〜**❺**の表現です。必ず一度は声に出してリピートしてみましょう。

❶ send 〜 in the chat box「〜をチャットボックスで(書いて)送る」

日本人は「ページのURL(the URL of the page)」とよく言いますが、英語では「ページのリンク先(link to the page)」と表現することも多いようです。

❷ Web会議特有の動詞の使い方にも注意

leave the Zoom meetingは「Zoom会議を抜ける/退出する」、join the Zoom meetingは「Zoom会議に入る(加わる)」です。

❸ unanimous (全会一致の) を覚えよう

unanimousという単語は、un-(一つの)＋ animous(心が一つになった)から成ります。unは「一つの」のという意味を持つラテン語uniから来ています。union(組合)、uniform(制服)などもこの例です。

❹ recapは「要約する・要約」

recapitulateの短縮形のrecapは、ビジネスで最近よく使われます。同義語はsummarize(要約する)、summary(要約)です。

❺ The decision of this meeting is ... (この会議で決定したことは…) は便利なまとめ

decisionをconclusionに入れ替えることも可能です。

(Repeat) **❶〜❺のマスターすべき表現を、ポーズの部分でリピートしましょう。** ダイアログの英文を見てもかまいません。 🎧 101

⟳表現を使い回そう!

マスターすべき表現の一部を使ったフレーズを紹介します。最初は日本語と英文を見ながら、慣れたら目を離して、ポーズの部分で英語を言いましょう。

❶ そのページのリンクを私たちにチャットボックスで送ってもらえますか?

Will you **send** us **the URL of the page** in the chat box?

---

❷ Zoom会議から抜けて5分間休憩した後で、また入りませんか?

Shall we **leave the Zoom meeting** and come back after taking a five-minute break?

---

❸ 全員一致の結論に達しました。

We reached a **unanimous** decision.

---

❹ 後で要点をまとめます。

I'll **recap** the points later.

---

❺ この会議の結論は、8月に市場リサーチ調査をすべきということです。

The conclusion of this meeting is we should do a market research survey in August.

あと3H
会議前

あと2.5H
提案する
自己紹介
意見交換

あと2H
契約交渉
価格交渉

あと1.5H
保留する
間わせる

あと1H
終了する
軌道修正

あと0.5H
面接
プレゼン

✎ 応用講座

① 会議時間が残り少ない場合のフレーズ 🎧 103

1. 選択肢を絞る時間です。

It's time to narrow down our options.

2. あせって結論を出すべきでないと思います。

I don't think we should rush to a conclusion.

3. 5分しか残り時間はありません。会議を11時半まで延長していいですか？

We have only five minutes left. Is it all right with you to extend the meeting till 11:30?

4. 何か見落としていませんか？

Have we missed anything?

5. 採決する前に何か質問はありませんか？

Before we take a vote, are there any questions?

② 会議を退室する場合のフレーズ 🎧 104

1. お話の腰を折って申し訳ございませんが、別の会議があります。退室してもよろしいですか？

I'm sorry to interrupt you, but I have another meeting. May I excuse myself?

2. 5分後に始まる会議に参加しなければなりません。チームメンバーが待っています。退席してもよろしいですか？

I have another meeting which begins in five minutes. The team members are expecting me. May I excuse myself?

③採決に関するフレーズ　　　🎧 105

1. ミャンマーへの進出に賛成の人は挙手してください。

If you're in favor of the proposal to expand into Myanmar, please raise your hand.

2. 提案は7対2で可決されました。

The proposal was passed by 7 to 2.

3. 提案は7対2で否決されました。

The proposal was voted down by 7 to 2.

4. 異論がなければ、合意が得られたとします。

If there are no objections, we'll say we've reached an agreement.

5. おかげさまで、採決なしで合意に達することができました。

Thanks to you, we were able to reach an agreement without a vote.

④内容の確認と結論のフレーズ　🎧106

会議終了時には必ずまとめが必要です。「要約」や「結論」の代わりに、「サマリー」、「リキャップ」、「コンクルージョン」などの言葉が、日本のビジネスシーンでもよく使われるようになりました。英語での正しい用法も知っておきましょう。

1. 本日の議論の要点をまとめさせてください。
Let me summarize today's discussion points.

2. これまで話し合ったことを要約しましょう。
Let's recap what we've talked about.

3. この会議の結論は、新製品を5月10日に発売するということです。
The conclusion of this meeting is that we'll launch our new products on May 10.

⑤会議終了と次回の確認のフレーズ　🎧107

1. 2月5日の2時から2時40分までフォローアップアクションについて話し合うために次の会議を実施します。
We'll have the next meeting from 2 to 2:40 on February 5 to discuss the follow-up actions.

2. 日本時間の2月1日午後6時までにコメントやフィードバックをお送りください。
Please send your comments or feedback by 6 p.m., Japanese Standard Time, on February 1.

3. **会議を終了しましょう。ご参加ありがとうございました。**

Let's wrap up the meeting. Thank you for participating.

これはNG！ wrap up / finish the meeting は「会議を（結論を出して）終了する」ですが、end や stop は「途中で終わりにする」を意味します。つまり結論が出て会議を終了する場合は、これらは使えません。

⑥ Web会議に効くフレーズ　　　🎧108

1. **チャットボックスでそのページのURL（リンク先）を送ります。**

I'll send the URL of (link to) the page in the chat box.

2. **いったんZoom会議から抜けて、5分間休憩したらまた戻りましょう。**

Let's leave the Zoom meeting and come back after taking a five-minute break.

▶ リハーサル　　　🎧109

最後に、ダイアログのトラックを使って、マスターすべき表現の直後のポーズで口に出してみましょう。英文を見てもかまいませんが、なるべく学んだことを思い出しながら言ってみましょう。

本番まであと30分!!

あと3H
会議前

あと2.5H
自己紹介
意見交換
提案する

あと2H
価格交渉
契約交渉

あと1.5H
闘わせる
保留する

あと1H
軌道修正
終了する

あと0.5H
プレゼン
面接

ここではプレゼンと面接の英語を学びます。オンラインで商品や企画のプレゼンの機会が増えています。また、Web面接なんて私は関係ないと思う方も、いかに自分を売り込めば相手に好印象を与えるかを学んでください。

ここから30分の学習

【Unit 13】
プレゼンの英語
20分
➤
【Unit 14】
面接の英語
10分

　どのプレゼンでも、商品や企画の説明（特徴や長所）は、3点までに留めるよう心掛けましょう。長口上は聞き手に嫌がられます。また、販売手法などを説明する場合には、「〜に的を絞る、〜を対象にする」という意味の動詞 target が、役に立ちます。

　また、面接で一番大切なことは、前向きに（positively）に答えることです。Unit 14では5つの質問例の模範解答を挙げています。これらをアレンジしながら面接官の心をがっちりつかみ、あなた自身をアピールするコツをマスターしましょう。また、面接の際にPCトラブルなどに見舞われると大変ですね。迅速にツールが操作できることも、ビジネス能力の一つと言えるでしょう。

Webプレゼンと面接に共通する重要ポイントは何でしょうか？　それは、明瞭な英語と人の心をつかむ表情、ジェスチャーです！

プレゼンの英語 15分

ここから15分の目標

次のフレーズを英語で言えるようになりましょう。

❶ 資料を共有させてください。 **Web会議に効くフレーズ**

❷ この円グラフは、テニスをする人の年齢層別の割合を示しています。

❸ 私は20代をターゲットにするべきだと確信しています。

❹ 結論としては、ソーシャルメディアを通じて売上を上げられると思います。

❺ 何か質問かコメントはありますか？

Situation

スポーツ用品メーカーの広報担当者がソーシャルメディア宣伝の有効性を3つの観点からプレゼンしています。論の展開を追いながら、重要なフレーズを身につけましょう。

「私は20代をターゲットにするべきだと確信しています」

社内 ビジネスシーン

音声を再生し、このシーンで行われている会話を聞きましょう。 🎧 110

ナレーター　営業担当＝アメリカ人

営業担当：I'd like to talk for five minutes about the effectiveness of social media advertising in promoting sales. Firstly, it's important to know our target customers. ❶ Let me **share** a document with you. Please look at the pie graph. ❷ This pie graph **shows** the percentage of tennis players by age group. You can see that the number of people in their 20s has the highest share. Therefore, ❸ I strongly believe we should **target** people in their 20s. According to a survey, they prefer watching YouTube to TV. I think online advertising would be more effective than TV advertising.

Secondly, I believe that social media advertising can convey happy news quickly. A sports goods maker like us should express the idea of "victory." I think we should tie up with professional tennis players who would wear our outfits in their matches. They would be ambassadors for our brand. We can announce their victories quickly on social media by

あと3H 会議前

あと2.5H 提案する／自己紹介／意見交換

あと2H 価格交渉／契約交渉

あと1.5H 闘わせる／保留する

あと1H 軌道修正／終了する

あと0.5H プレゼン／面接

posting images and videos of them, so we can attract customers and increase sales.

Thirdly, advertising online costs much less than TV commercials. ❹**In conclusion,** I think we can increase our sales through social media. ❺Do you have **any questions or comments?**

営業担当： 販売促進におけるソーシャルメディア広告の有効性について5分間お話しさせてください。まず初めに、対象顧客を知ることが重要です。❶資料を共有させてください。円グラフを見てください。❷この円グラフは、テニスをする人の年齢層別の割合を示しています。20代のプレーヤーが一番高い割合を占めていることがわかります。ですから、❸私は20代をターゲットにするべきだと確信しています。ある調査によると彼らはテレビよりYouTubeを見ることを好みます。オンライン広告の方がテレビ広告より有効的だと思います。

二つ目にはソーシャルメディア広告は良いニュースを早く伝えられます。わが社のようなスポーツ用品メーカーは「勝利」という概念を表現すべきです。試合で私たちのテニスウェアを着用してもらえるようなプロのテニス選手と提携すべきだと思います。彼らは弊社のブランドのアンバサダー(広告塔)になるでしょう。選手の写真やビデオなどをソーシャルメディアに投稿し、早く勝利を伝えることで顧客をひきつけ、売上を伸ばすことができるのです。

三つ目には、ソーシャルメディア広告はテレビCMよりずっと安価です。❹結論としては、ソーシャルメディアを通じて売上を上げられると思います。❺何か質問かコメントはありますか?

❶ share (共有する) は万能単語！

Web会議の画面上で同じ文書を皆で見るとき、このshareを使ってshare <u>the screen/a document</u> with you. などと言います。動詞shareは、share one's thoughts([人]の考えを共有する)といった場合にも使われます。

❷ グラフで「～を示す」の場合は、動詞showを一番よく使う

その他、indicate、illustrate、representという動詞も使います。

❸「主語＋target＋…（顧客層）」は、「…を（顧客として）ターゲットとする」。

target customer(s) は「対象顧客」を意味します。

❹「結論としては」の、さまざまな言い方を覚えよう。

In conclusion（結論を申し上げると）、To recap（まとめると）、To sum up
（要するに）などを覚えておきましょう。

**❺ プレゼンの最後は質問とコメント（questions or comments）を
　 求める！**

ここでは社内でのプレゼンですが、社外であればI'd like to welcome questions.
（ご質問を受け付けさせていただきます）If you have any questions, do not
hesitate to ask.（何か質問がございましたら、ご遠慮なさらずにおっしゃって
ください）のように丁寧に！

 ❶～❺のマスターすべき表現を、ポーズの部分でリピートしましょう。
ダイアログの英文を見てもかまいません。 🎧 111

あと3H
会議前

あと2.5H
自己紹介
意見交換
提案する

あと2H
価格交渉
契約交渉

あと1.5H
詞わせる
保留する

あと1H
軌道修正
終了する

あと0.5H
プレゼン
面接

⟳表現を使い回そう！

マスターすべき表現の一部を使ったフレーズを紹介します。最初は日本語と英文を見ながら、慣れたら目を離して、ポーズの部分で英語を言いましょう。

❶ **画面共有してグラフを見せてもらえますか？**

Could you **share** your screen and show us the graph?

❷ **この円グラフはアンケートの回答結果を示しています。**

This pie chart **shows** the results of the questionnaire.

❸ **私たちは30代のビジネス旅客をターゲットにしています。**

We **target** business travelers in their 30s.

❹ **まとめると、この市場での主要な競争相手は2社しかありません。**

To sum up, we have only two major competitors in this market.

❺ **どんなご質問やコメントもお受けいたします。**

I'd like to welcome **any questions or comments**.

応用講座

①プレゼンの手順と関連フレーズ 🎧113

プレゼンの手順は以下のとおりです。

❶ 聴衆に関して感謝の気持ちを述べる→

❷ 自己紹介する→

❸ プレゼンの構成(時間配分)を述べる→

❹ 商品や方針の説明(特徴、または長所は3つがベスト)→

❺ 結論を述べる→

❻ 感謝の気持ちを述べて終了する→

❼ 質問を受け付ける。

ダイアログでは社内プレゼンを扱っているため、上記の❸❹❺❼を組み入れています。社外プレゼンで必要な❶と❻のフレーズを学びましょう。

1. 弊社の新製品を紹介する機会を与えてくださり、ありがとうございます。

Thank you very much for giving me the opportunity to introduce our new product.

2. ご清聴ありがとうございます。少しお時間をいただき、アンケートにお答えいただければ幸いです。

Thank you very much for your attention. We'd appreciate it if you could take a few minutes to fill out a questionnaire.

131

②グラフを説明するフレーズ

1. 売上高のグラフをご覧ください。

Please look at the graph showing the sales figures.

2. このグラフは製品Ａの年度別売上を示しています。

This graph indicates the yearly sales of Product A.

3. 縦軸は売上高を示しています。

The vertical line shows the sales figures.

4. 横軸は毎年度を示します。

The horizontal line represents each year.

5. 製品Ａの売上は横ばい状態です。

Sales of Product A remain flat.

6. 製品Ａの売上は昨年から30％伸びました。

Sales of Product A increased by 30 percent from last year.

7. 製品Ａの売上が前月比で落ち込んでいます。

Sales of Product A decreased month on month.

8. これは季節要因によるもので毎年同じ傾向を示しています。

This is due to seasonal factors and shows the same trend every year.

9. 赤い線は目標売上、青い線は実売を示しています。

The red line shows the sales targets and the blue line represents actual sales.

10. ご覧の通り、すべての分野において売上目標に達していません。

As you can see, we fall short of hitting our targets in all categories.

③ Web会議に効くフレーズ　🎧115

1. 私と画面共有してもらえますか？

Can you share the screen with me?

2. 私のファイルを見せたいので、画面共有を切っていただけますか？

I'd like to show my file on the screen, so would you mind turning off screen-sharing?

　Would you mind ...? は、直訳すると「…することを気にしますか？」となります。応じる場合は、Not at all. で、「気にしません」、または OK/Sure, no problem! などと言います。断る場合は Sorry, のあとに理由を続ける、または I'd rather you didn't. が良いでしょう。

> **これはNG!**　断ることが苦手な日本人は Yes! と
> 言いがちなので要注意です！

> **K's Tips**　Would you mind ...ing? と聞いても Could you mind ...ing? とは聞きません。厳密には Could you ...? は能力、物理的に実行可能かを問いますが、Would you ...? は意志を確認します。ですから、「…してもかまいませんか？」は Would you mind ...ing? で表します。

> **▶ リハーサル**　🎧116

　最後に、ダイアログのトラックを使って、マスターすべき表現の直後のポーズで口に出してみましょう。英文を見てもかまいませんが、なるべく学んだことを思い出しながら言ってみましょう。

面接の英語 　　　　15分

ここから15分の目標

次のフレーズを英語で言えるようになりましょう。

❶ 中央に寄っていただくか、カメラを調整してくださいませんか？

> Web会議に効くフレーズ

❷ 御社の製品の品質の高さと宣伝やパッケージングの方法に感銘を受けています。

❸ 現地の人々と共に働くことで、異なる文化を経験し、それについてさらに多くを学びたいと思います。

❹ 私は他の人からの批判を肯定的に受け入れようとしています。

❺ ストレスを解消するために英語の練習をしています。

Situation

ここでは面接の場面を取り上げます。入社の志望動機、海外転勤への気持ち、批判の受け止め方、ストレス解消法などを矢継ぎ早に質問され、答えている場面です。すべての職種に共通して使えるフレーズなので、しっかり学びましょう。

「私は他の人からの批判を肯定的に受け入れようとしています」

音声を再生し、このシーンで行われているやりとりを聞きましょう。 🎧117

ナレーター　面接官＝イギリス人　山田リサ＝アメリカ人

面接官：Hello, I'm Johnny Smith. I'm the manager of the personnel department. May I have your name, please?

山田リサ：My name is Lisa Yamada. I appreciate you arranging this job interview over Zoom.

面：❶**Would you please move** to the center or could you adjust the camera?

リサ：OK. Is that better?

面：Yes, that's fine. Why did you apply to ACE Consumer Goods Manufacturer?

リサ：❷**I'm impressed with** the high quality of your products and your way of advertising and packaging the products.

面：Good! Are you willing to be transferred to a branch office in a foreign country?

リサ：Yes, I am. ❸**I would like to** experience different

あと3H 会議前

あと2.5H 意見交換する 自己紹介

あと2H 価格交渉 契約交渉

あと1.5H 闘わせる 保留する

あと1H 軌道修正 終了する

あと0.5H 面接 プレゼン

cultures and learn more about them through working with local people.

面： How do you handle criticism?

リサ： ❹I try to take other people's criticism **positively.** If I can, I use it to correct my weak points and improve myself.

面： How do you handle stressful situations?

リサ： ❺I practice English to **let off steam.** I can say that studying English is my hobby.

面接官：こんにちは。ジョニー・スミスです。人事部の部長です。お名前をいただけますか？
山田リサ：山田リサです。Zoom での就職面接をご設定いただき、ありがとうございます。
面： ❶中央に寄っていただくかカメラを調整してくださいませんか？
リサ： はい。良くなりましたか？
面： ええ、大丈夫です。なぜ ACE 消費材製造に応募されたのですか？
リサ： ❷御社の製品の品質の高さと宣伝やパッケージングの方法に感銘を受けています。
面： なるほど！ あなたは進んで海外の支社に転勤しますか？
リサ： はい。❸現地の人々と共に働くことで、異なる文化を経験し、それについてさらに多くを学びたいと思います。
面： 批判にはどのように対処しますか？
リサ： ❹私は他の人からの批判を肯定的に受け入れようとします。できればそれを使って欠点を直し、自分自身を高めます。
面： ストレスの大きい状況にはどのように対処しますか？
リサ： ❺ストレスを解消するために英語の練習をしています。英語学習は私の趣味と言えます。

あと3H
会議前

あと2.5H
提案する
自己紹介
意見交換する

あと2H
契約交渉
価格交渉

あと1.5H
保留する
闘わせる

あと1H
終了する
軌道修正

あと0.5H
面接
プレゼン

今回マスターすべき表現は❶〜❺です。必ず一度は声に出してリピートしてみましょう。

❶ Would you please move の後ろに入るものは？

moveの後には、to the right（右へ）、to the center（中央へ）、to the left（左へ）、forward（前へ）、backward（後ろへ）などが入ります。

❷ I'm impressed with ... は「…に感銘を受ける」

面接の場合、withに続けるのは、志望する会社のポリシーや社会への貢献、製品やサービスの品質の良さ、従業員のマナーの良さなどです。

❸ I would like to ... で、自分がしたいことを言う

面接ではwant toを使わず、丁寧表現のwould like toを使いましょう。

❹ positively（前向きに）は就職面接で最も重要な態度

in a positive way（前向きに）と言い換えられます。positivelyの反対語はnegatively（否定的に）です。「プラス思考」はpositive thinkingです。

❺ let off steam は「ストレスを発散する」

let offは「放つ」、steamは「蒸気」です。あなたのストレス解消方法は何ですか？英語で答えられるようになりましょう。

❶〜❺のマスターすべき表現を、ポーズの部分でリピートしましょう。
ダイアログの英文を見てもかまいません。🎧 118

⟲ 表現を使い回そう！

マスターすべき表現の一部を使ったフレーズを紹介します。最初は日本語と英文を見ながら、慣れたら目を離して、ポーズの部分で英語を言いましょう。

❶ 右へ動いていただけませんか？

Would you please move to the right?

---

❷ 私は御社のスタッフのマナーや行動にも感銘を受けております。

I am also **impressed with** your staff members' manners and behavior.

---

❸ 私は御社から学び、御社に貢献し、そして御社と共に成長したいと思っています。

I would like to learn from, contribute to, and grow along with your company.

---

❹ 私はクリエイティブで柔軟性があるので、すべてを前向きに見るよう心掛けています。

I'm a creative and flexible person, so I try to view everything **positively**.

---

❺ 私は休憩を取って運動をし、ストレスを発散させます。

I take a break to do exercise and **let off steam**.

あと3H
会議前

あと2.5H
自己紹介
提案員交換
する

あと2H
価格交渉
契約交渉

あと1.5H
保留する
騙わせる

あと1H
軌道修正
終了する

あと0.5H
プレゼン
面接

応用講座

①面接で役立つフレーズ　🎧 120

ダイアログでは I am impressed with ... で志望先について感銘を受けた点を、I would like to ... で希望することを述べています。その他、面接で役立つ文例を学びましょう。

1. この仕事が自分に合っていることを伝える文例

※（　　　）には自分にふさわしい単語を入れましょう。

・**私はチームで働くことが性に合っていると思います。**
I believe that (working in a team) comes naturally to me.

・**私は物事を説明することが性に合っていると思います。**
I believe that (explaining things) comes naturally to me.

2. How do you cover for a lack of experience?（経験不足をどのようにカバーするか）への答え方

・**いかなる経験不足も根気強さと勤勉でカバーできると確信しております。**
I'm sure that I would make up for any lack of experience with perseverance and hard work.

・**私は多くのことをスタッフの皆さんから学びたいと思っています。**
I'd like to learn many things from other staff members.

3. What would you do? (あなたならどうしますか？)
への答え方

121

— **What would you do if guests complained?**
(お客さまが苦情を言ってきたら？)

- **お客さまの苦情の内容をよく聞き、共感を示します。**

  I would listen to their complaints carefully and show empathy.

- **心の底から謝罪します。**

  I would apologize sincerely to them.

— **If you became an office manager, what would you like to do?** (あなたが、会社経営者になったら何をしたいですか？)

- **スタッフの問題を注意深く聞いて、ゴール設定の手助けをします。**

  I would listen to my staff's problems carefully and help them set goals.

- **新しい考えに耳を傾けます。**

  I would be open to new ideas.

— **What would you do if a cultural problem arose in a multinational workplace?** (多国籍の職場で文化的な問題が生じたら、あなたならどうしますか？)

- **皆の文化背景を理解しようとし、話し合い、解決方法を見つけるようにします。**

  I would try to understand everyone's cultural backgrounds, talk it over and find a solution.

4. Why did you leave the company?（なぜあなたは退職したのですか？）への答え方

- 私が退社したのは、私のスキルを100パーセント使える職場を見つけたかったからです。

  The reason why I left the company was that I wanted to find a workplace where I could use my skills fully.

5. Are you a team player?（あなたはチームプレーヤですか？）への答え方

- はい。プロジェクトを完成させなければならない時は、グループで働く必要があります。

  Yes. When we have to complete a project, we need to work in a group.

- フィードバックを与えたりもらえたりできる職場が一番働きやすいと思います。

  I think we can work best in workplaces where we can give and receive feedback.

- お互いに協力し合うことが大切だと思います。

  I believe cooperating with each other is important.

② Web面接に効くフレーズ　🎧 122

1. 中央に寄っていただけますか？

  Would you please move to the center?

  ※Web面接や会議で、自分の姿がスクリーン上にバランスよく映ることは大切です。

あと3H 会議前

あと2.5H 自己紹介する／意見交換する

あと2H 価格交渉／契約交渉

あと1.5H 保留する／闘わせる

あと1H 軌道修正する／終了する

あと0.5H プレゼン／面接

2. ビデオと音声にタイムラグがあります。試しにZoomを切り、再ログインしてみていただけませんか？

There's a time lag between the video and audio. Could you turn Zoom off and try logging on again?

3. もう一度、接続してみてもらえませんか？

Could you try to connect again?

 リハーサル　　　　　　　　　　　　　🎧123

最後に、ダイアログのトラックを使って、マスターすべき表現の直後のポーズで口に出してみましょう。英文を見てもかまいませんが、なるべく学んだことを思い出しながら言ってみましょう。

※🎧124~127はインド人と台湾人の英語です。p. 33-34をご覧ください。

柴山かつの（しばやま かつの）

日米英語学院梅田校講師。フリーランスビジネス通訳者、通訳ガイド。元京都産業大学非常勤講師。多くの大学・企業でTOEIC、ビジネス英語、英検、通訳ガイド講座の講師歴を持つ。英検1級、通訳案内士国家資格保持。著書に『英語の会議 直前5時間の技術』（アルク）、『あなたも通訳ガイドです 英語で案内する京都』『あなたも通訳ガイドです 英語で案内する東京・鎌倉・日光』（ジャパンタイムズ）、『世界で戦う人の英語面接と英文履歴書』『短期集中講座！ TOEIC® L&R TEST 英文法』（アスカカルチャー）、『世界中使える旅行英会話大特訓』『すぐに使える接客英会話大特訓』（Jリサーチ出版）他多数。うち、海外翻訳が出版されているものは8冊。特技は犬のトレーニング。夢は英語の小説を出版すること。poppymomo@hotmail.com

- -

「しごとのミニマム英語」シリーズ⑦

英語のWeb会議　直前3時間の技術

発 行 日　2020年10月22日（初版）

著　　　者　柴山かつの
編　　　集　株式会社アルク　書籍編集チーム
英文監修　Paul Dorey
英文校正　Peter Branscombe
校　　　正　霜村和久
アートディレクション　山口桂子 (atelier yamaguchi)
本文デザイン　株式会社 創樹
本文イラスト　矢戸優人
ナレーション　Rachel Walzer、Josh Keller、Michael Rhys、
　　　　　　　阮宇璿、Purashant Pardeshi
音声録音・編集　株式会社メディアスタイリスト

DTP　　　　株式会社 創樹
印刷・製本　萩原印刷株式会社

発 行 者　天野智之
発 行 所　株式会社アルク
　　　　　　〒102-0073 東京都千代田区九段北4-2-6 市ヶ谷ビル
　　　　　　Website: https://www.alc.co.jp/

● 落丁本、乱丁本は弊社にてお取り換えします。
　Webお問い合わせフォームにてご連絡ください。
　https://www.alc.co.jp/inquiry/

地球人ネットワークを創る

アルクのシンボル
「地球人マーク」です。